ARQUIVOS PESSOAIS

Experiências no CPDOC

Celso Castro
Martina Spohr
Thais Blank
(organização)

ARQUIVOS PESSOAIS

Experiências no CPDOC

FGV EDITORA

Direitos desta edição reservados à
FGV EDITORA
Rua Jornalista Orlando Dantas, 9
22231-010 | Rio de Janeiro, RJ | Brasil
Tel.: 21-3799-4427
editora@fgv.br | www.editora.fgv.br

Impresso no Brasil | *Printed in Brazil*

Os conceitos emitidos neste livro são de inteira responsabilidade dos autores.

1ª edição: 2024

Preparação de originais: Ronald Polito
Projeto gráfico de miolo e diagramação: Abreu's System
Revisão: Michele Mitie Sudoh
Capa: Estúdio 513
Foto da capa: Gabriel Cardoso, Casa Acervo FGV CPDOC

Dados Internacionais de Catalogação na Publicação (CIP)
Ficha catalográfica elaborada pela Biblioteca Mario Henrique Simonsen/FGV

Arquivos pessoais : experiências no CPDCO / Celso Castro, Martina Spohr, Thais Blank, (orgs.). – Rio de Janeiro : FGV Editora, 2024.
216 p.

Inclui bibliografia.
ISBN: 978-65-5652-285-2

1. Arquivos pessoais – Brasil. 2. Recuperação da informação. 3. Mineração de dados. I. Castro, Celso, 1963-. II. Gonçalves, Martina Spohr. III. Blank, Thais Continentino. IV. Fundação Getulio Vargas.

CDD – 025.17

Elaborada por Márcia Nunes Bacha – CRB-7/4403

Sumário

Apresentação

Celso Castro
Martina Spohr
Thais Blank

O Programa de Arquivos Pessoais (PAP) nasce em 1973, junto com o Centro de Pesquisa e Documentação de História Contemporânea do Brasil (CPDOC) da Fundação Getulio Vargas (FGV). Idealizado como um centro de produção de conhecimento e de guarda de arquivos pessoais, o CPDOC foi fundado por Celina Vargas do Amaral Peixoto, neta do ex-presidente Getulio Vargas, que, além da iniciativa de criação do Centro, trouxe consigo o arquivo do avô, inaugurando o PAP. Nas décadas seguintes, o CPDOC se tornou uma referência no campo dos arquivos pessoais, tanto pelo acervo que reuniu quanto pelo desenvolvimento de métodos de organização de arquivos. Inicialmente voltado para a preservação da memória política nacional pós-revolução de 1930, com o tempo o PAP diversificou sua linha de acervo, incorporando arquivos de mulheres e homens com atuação destacada nos mais variados setores da vida pública brasileira. Em 2023, quando comemorou 50 anos de existência, o PAP já contabilizava 238 arquivos. Nesse acervo, encontramos personalidades políticas como ex-presidentes, senadores e deputados, mas, também, poetas, militantes, jornalistas e cientistas sociais.

Foi principalmente a partir da primeira década do século XXI que o PAP passou a buscar ativamente a diversificação de seu acervo, criando não apenas novas estratégias de prospecção, mas também de organização dos arquivos. Em 2015, foi incorporado pela primeira vez um marcador de gênero na Política de Acervo da instituição, que passa a citar explicitamente a presença de mulheres entre os arquivos doados. A Política de Acervo resulta de um trabalho iniciado alguns anos antes pela própria equipe do PAP, que buscava dar mais visibilidade às mulheres presentes no acervo. Esse trabalho levou à problematização das formas tradicionais de organização e catalogação, à prospecção de novos arquivos de mulheres e ao desenvolvimento de diferentes projetos que cruzam estudos de gênero, história das mulheres e arquivos pessoais.

A valorização da presença feminina não é o único indício da diversificação do perfil do arquivo. Para além das mulheres, o PAP passou a incorporar arquivos de cientistas sociais, como Alba Zaluar, Gilberto Velho, Maria Isaura Pereira de Queiroz, Roberto DaMatta e Yvonne Maggie, para dar apenas alguns exemplos. Com a chegada desses arquivos, vieram para o CPDOC documentos que dizem respeito a temas de pesquisa desses cientistas sociais, como povos indígenas, populações rurais e comunidades periféricas dos grandes centros urbanos brasileiros e religiões de matriz africana. Ao doarem os arquivos, esses cientistas sociais legam ao CPDOC suas fontes primárias de pesquisa, como cadernos de campo, entrevistas, fotografias e filmes que dão testemunho de diferentes brasis.

A diversificação dos perfis de arquivos presentes no acervo é acompanhada também pela busca de novas abordagens de preservação, tratamento e acesso. Em 2016, o PAP passou a ter um novo local de guarda com a inauguração da Casa Acervo, hoje Casa Acervo Professora Alzira Alves de Abreu, em homenagem a uma das pesquisadoras pioneiras do CPDOC. O prédio foi idealizado e construído para possuir as condições ideais de salvaguarda de documentos históricos. No entanto, mesmo antes da modernização do seu espaço físico, o CPDOC já incorporava novas tecnologias e metodologias. Digitalização do arquivo, criação de uma base de dados própria e online, disponibilização virtual dos documentos, produção audiovisual a partir do acervo, criação de projetos de educação patrimonial utilizando tecnologia interativa e aplicação das ciências de dados são manifestações desse empenho por modernização e experimentação.

Este livro reúne nove capítulos que revelam um panorama dos desafios, avanços e transformações operados no PAP nas últimas duas décadas e na forma como hoje preservamos, organizamos, disponibilizamos e pesquisamos no nosso acervo. Todos os textos foram escritos por profissionais que desenvolvem projetos diretamente relacionados com o PAP, partindo de diferentes perspectivas e abordagens.

O texto que abre esta publicação "Mulheres no CPDOC: entre fundadoras e titulares de arquivos", de Adelina Novaes e Cruz e Carolina Gonçalves Alves, traça as origens do CPDOC e o protagonismo feminino na criação do Centro. Em "Casa Acervo CPDOC: relato de experiência", Daniele Amado e Martina Spohr compartilham os percalços e estratégias desenvolvidas pela equipe para operacionalizar a mudança do arquivo da sede da FGV, na praia de Botafogo, para o novo prédio, na rua Jornalista Orlando Dantas, apresentando também os detalhes técnicos envolvidos na construção da Casa e sua adequação como espaço de conservação.

No capítulo "Entrevistas, arquivos, projetos de pesquisa e ações patrimoniais: um estudo de caso no FGV CPDOC", Celso Castro aborda o efeito causado pela chegada do arquivo pessoal de Roberto DaMatta ao CPDOC, evidenciando como arquivos "podem ser elos de uma não antecipada e complexa cadeia de interações sociais" que levam ao desenvolvimento de parcerias, projetos e realizações não premeditadas. Em "Novos olhares sobre o arquivo: ressignificando os arquivos pessoais nas oficinas de produção audiovisual do CPDOC", Thais Blank e Priscila Bittencourt apresentam as Oficinas de Produção Audiovisual realizadas a partir do acervo do CPDOC. As autoras refletem sobre a relação dos alunos com os arquivos, os novos sentidos e significados atribuídos aos documentos e as possibilidades de circulação dos filmes realizados a partir do acervo.

Em "Reconfigurando práticas: novas abordagens na organização de arquivos pessoais no CPDOC", Carolina Gonçalves Alves e Daniele Amado apresentam uma atualização das metodologias e procedimentos incorporados pelo CPDOC na organização dos arquivos pessoais. "'Avance uma casa': explorando o potencial educativo e lúdico do acervo histórico do FGV CPDOC", de Daniele Amado e Martina Spohr, aborda a relação das novas gerações com os arquivos históricos e os usos educativos do acervo a partir das metodologias e tecnologias interativas. O capítulo "Uma vida contada por computadores: a experiência com a organização de fontes nato-digitais no fundo Luíza Erundina de Sousa", de Roger Camacho Barrero Junior, põe em debate o "dilema digital" e as estratégias que estão sendo desenvolvidas pelo PAP não só para enfrentar os novos desafios, mas explorar as potencialidades dos arquivos nato-digitais que chegam ao acervo.

Fechando o livro, temos dois artigos que se debruçam sobre as possibilidades colocadas pelo uso de novas tecnologias no arquivo. Em "Arquivos pessoais e elites políticas: uma abordagem digital para o estudo do Brasil rural na Era Vargas", Juliana Marques discute a utilização dos arquivos pessoais como fontes de pesquisa sobre elites políticas, argumentando "em favor da utilização de métodos computacionais para explorar essas fontes históricas". Em "Ciência de dados e arquivo", Suemi Higuchi e Renato Rocha Souza traçam um panorama das diferentes iniciativas realizadas pelo CPDOC no sentido de aplicar e aproximar as ciências de dados da produção de conhecimento histórico a partir do acervo.

Por fim, cabe ressaltar que este livro não possui a pretensão de abarcar a multiplicidade e a totalidade das discussões contemporâneas que contemplam o universo dos arquivos pessoais. Nossa contribuição vai no sentido de apresentar e refletir sobre a experiência adquirida pelo CPDOC em seus 50 anos de vida, e renovada nas últimas duas décadas, que foram de muitas transformações em termos de tecnologia, de métodos de organização e de uso social dos arquivos. Os textos apresentam exemplos reais, dilemas vivenciados no cotidiano do arquivo, desafios solucionados e impasses ainda não resolvidos. Acima de tudo, refletem a experiência de uma equipe em busca contínua por soluções que acompanhem novas demandas e realidades. Com isso, esperamos fornecer um rico material para outros pesquisadores e outras instituições de guarda, de pesquisa e de ensino que lidam com a custódia e a organização de arquivos pessoais.

Mulheres no CPDOC: entre fundadoras e titulares de arquivos

Adelina Novaes e Cruz
Carolina Gonçalves Alves

Em 1973, por iniciativa de Celina Vargas do Amaral Peixoto, neta de Getúlio Vargas, foi criado o Centro de Pesquisa e Documentação de História Contemporânea do Brasil (CPDOC). Aderiram ao projeto três outras mulheres, também sociólogas: Aspásia Camargo, Alzira Alves de Abreu e Lucia Lippi Oliveira. O projeto amadureceu durante o período de exílio político de Celina, Aspásia e Alzira na França, onde se encontraram. Hoje, no acervo do Centro, as entrevistas concedidas por elas ao projeto Memória das Ciências Sociais no Brasil,[1] podem ser consultadas, e a criação do CPDOC é tema das três entrevistas.

Celina afirma que o arquivo pessoal de Getúlio Vargas atraía para a casa da mãe, Alzira Vargas do Amaral Peixoto, uma quantidade significativa de cientistas sociais brasileiros e norte-americanos, estes conhecidos como "brasilianistas". Na sala de jantar reuniam-se, às vezes, diversos brasilianistas consultando os documentos, simultaneamente. Após presenciar um desses momentos, Celina, em sua entrevista,[2] afirma: "[...] É muita gente em cima de uma

1 Disponível em: https://cpdoc.fgv.br/cientistassociais. Acesso em: 5 out. 2023.
2 PEIXOTO, Celina Vargas do Amaral. Celina Vargas do Amaral Peixoto III: depoimento [13 abr. 2012]. Entrevistador: Celso Castro. Rio de Janeiro, CPDOC FGV. Entrevista concedida ao projeto Memória das Ciências Sociais no Brasil. Disponível em: https://cpdoc.fgv.br/entrevistados/celina-vargas?pesquisa-conhecimento=266. Acesso em: 5 out. 2023.

papelada e, por mais que a minha mãe tenha amor a Getúlio, carinho por Getúlio e a esses papéis, ela não vai conseguir controlar. Nós temos que institucionalizar isso".

Durante os anos de exílio, Celina fez um curso no Arquivo Nacional da França, pensando na organização do arquivo de Getúlio Vargas, e sua ligação com Aspásia e Alzira Abreu estreitou-se. Ela voltou ao Brasil em 1972 e identificou que, além da biblioteca de Getúlio e parte do arquivo (1930-45) que estavam na casa da mãe, havia na Fundação Darcy Vargas,[3] fundada em 1938, muito material guardado — livros e documentos — que nunca tinha sido manuseado nem organizado. Decididas a entregar a uma instituição todo o conjunto documental, Alzira e Celina encontraram acolhimento ao apresentar o projeto à Fundação Getulio Vargas (FGV), criada em 1944 por Vargas, tendo à frente Luís Simões Lopes, presidente desde a criação, colaborador e amigo de Vargas. Em carta a Simões Lopes,[4] Alzira Vargas deixou claro o desejo de ser criado um centro para abrigar não só o arquivo Vargas, mas também de seus contemporâneos, partidários e não partidários, e que se constituísse em um centro de reflexão sobre a realidade brasileira. Celina idealiza um centro de pesquisa e documentação de história contemporânea do Brasil, tendo como marco inicial a Revolução de 1930.

Em 25 de junho de 1973 foi criado o CPDOC, com o Núcleo de Documentação dedicado ao tratamento, organização e preservação de arquivos pessoais. Aspásia, que retorna ao Brasil em 1974, afirma em sua entrevista[5] que fez uma imersão nos arquivos já doados — Getúlio Vargas e Oswaldo Aranha — para estruturar a pesquisa, e

---

3 Disponível em: https://fdv.org.br/sobre-a-fdv/nossa-historia/. Acesso em: 5 out. 2023.

4 CPDOC\AVAP gv acgv 14.07.1973.

5 CAMARGO, Aspásia. Aspásia Camargo IV: depoimento [12 mar. 2012]. Entrevistadores: Celso Castro e Mario Grynszpan. Rio de Janeiro, CPDOC FGV. Entrevista concedida ao projeto Memória das Ciências Sociais no Brasil. Disponível em: https://cpdoc.fgv.br/entrevistados/aspasia-camargo?pesquisa-conhecimento=266. Acesso em: 5 out. 2023.

a estratégia foi trabalhar com a elite política brasileira. Em 1975, ela cria o primeiro programa de história oral no Brasil. Alzira Abreu volta ao país em 1973 e logo é chamada por Celina, mas só começa a trabalhar no CPDOC em 1975.

Desde 1974, estava sendo idealizado, por Israel Beloch, o *Dicionário histórico-biográfico brasileiro*.[6] Alzira afirma que se encantou com o projeto e assume a área temática do Dicionário — partidos políticos, instituições, eventos históricos. A primeira edição do DHBB é publicada em quatro volumes em 1984.

Lucia Lippi só passa a integrar a equipe do CPDOC em 1976. Segundo Aspásia, ela veio suprir uma lacuna — refletir sobre a análise da produção intelectual brasileira. Lucia passa a coordenar o projeto Brasiliana, dedicado a estudar a Revolução de 1930 a partir de textos publicados à época. Posteriormente, assume a coordenação de Pesquisa. Celina permanece diretora do CPDOC até aceitar, em 1980, um convite para ser diretora do Arquivo Nacional, sendo sucedida por Alzira Abreu. Em sua entrevista, Celina afirma que muitos pesquisadores acadêmicos e representantes de centros de pesquisa, de início, levantavam o nariz para o CPDOC e diziam: "É coisa de maluco. São todas doidas. São todas doidas e não vai dar certo".

O denominado Programa de Arquivos Pessoais (PAP) originou-se daquele pequeno núcleo formado por uma equipe multidisciplinar tendo, desde o início, como missão abrigar arquivos pessoais de homens públicos relevantes para a história recente do país e disponibilizar esse acervo como fonte privilegiada de consulta. O CPDOC foi uma das primeiras instituições brasileiras a custodiar arquivos pessoais e disponibilizá-los à consulta pública. Assim, a experiência na organização dos dois primeiros fundos — Getúlio Vargas e Oswaldo Aranha — foi determinante para que a equipe envolvida desenvolvesse estudos e diretrizes para o tratamento de arquivos pessoais.

6 Disponível em: https://cpdoc.fgv.br/acervo/dicionarios/dhbb. Acesso em: 5 out. 2023.

Tais normas sistematizadas deram origem, em 1980, à publicação de uma metodologia própria e pioneira: *Procedimentos técnicos adotados pelo CPDOC na organização de arquivos privados contemporâneos*. Posteriormente, três novas publicações foram lançadas atualizando as diretrizes e os métodos de trabalho: em 1986, *Procedimentos técnicos em arquivos privados*; em 1994, *Procedimentos técnicos adotados para a organização de arquivos privados*; e, em 1998, *Metodologia de organização de arquivos pessoais: a experiência do CPDOC*.

Nos anos 2000, foi implementada a base de dados Accessus,[7] que possibilitou a informatização da organização, da descrição e da consulta ao acervo CPDOC. Seu lançamento ao público, em 2001, permite a busca integrada ao acervo como um todo — documentos de arquivos pessoais, entrevistas de história oral e verbetes do *Dicionário histórico-biográfico brasileiro*, de acesso livre e gratuito. Em 2016, o CPDOC alcançou uma grande conquista com a abertura pública da Casa Acervo, constituída por dois prédios — uma residência do início do século XX, reformada e adequada à consulta e às atividades de educação patrimonial, e um prédio de três andares destinado aos depósitos climatizados para a guarda dos documentos históricos em seus diferentes suportes. Está localizada em Botafogo, no Rio de Janeiro, na rua Jornalista Orlando Dantas, 60.

O acervo de mulheres do CPDOC

A presença feminina no acervo do CPDOC não é uma descoberta recente. Desde a criação do Centro existem registros de arquivos de mulheres na instituição. Nesse contexto, um marco significativo foi a organização do arquivo de Delminda Aranha, tornando-se o primeiro arquivo feminino a ser incorporado às coleções do CPDOC.

---

7 Disponível em: www18.fgv.br/cpdoc/acervo/arquivo. Acesso em: 5 out. 2023.

Os arquivos de Delminda Aranha, Luiza Aranha, Hermínia Collor e Hilda Machado se encontravam invisíveis nos arquivos de Oswaldo Aranha (doado em 1973), Lindolfo Collor (doado em 1977) e Cristiano Machado (doado em 1977). Nesse contexto, um marco significativo foi a organização e categorização desses conjuntos documentais como fundos. Receberam sua "identidade arquivística" apenas no CPDOC, resultado do trabalho da equipe, tornando-se titulares de seus arquivos a partir da identificação dos documentos recebidos e acumulados por elas.

Tabela 1
Titulares de fundo (FGV CPDOC)

Titulares	Data de doação
Delminda Aranha	1973
Luiza Aranha	1976
Hermínia Collor	1977
Hilda Machado	1977
Niomar Moniz Sodré	1977
Rosalina Coelho Lisboa	1977
Almerinda Farias Gama	1980
Alzira Vargas do Amaral Peixoto	1985
Celina Vargas do Amaral Peixoto	1990
Anna Amélia Carneiro de Mendonça	2010
Yvonne Maggie	2016
Luiza Erundina	2019
Silvia Escorel	2019
Alba Zaluar	2020
Mariza Peirano	2020
Carlota Pereira de Queiroz	2022
Maria Isaura Pereira de Queiroz	2022
Glaucia Villas Bôas	2022
Ellen Woortmann	2022
Alzira Alves de Abreu	2023

Fonte: Elaborada pelas autoras.

Em 2015, a equipe da Coordenação de Documentação do CPDOC tomou uma medida significativa ao revisar a política pública de acervo e incorporar o marcador de gênero no documento institucional. Nesse contexto, foi estabelecido que a instituição não apenas tinha interesse, mas também buscava ativamente a inclusão de arquivos relacionados com mulheres.

> O Programa de Arquivos Pessoais (PAP) tem por objetivo captar, organizar, preservar e divulgar o acervo de arquivos privados doados ao CPDOC desde a sua criação, em 1973. O acervo é constituído, de maneira geral, por arquivos pessoais de homens e mulheres com destacada atuação na vida pública brasileira contemporânea.[8]

Essa transformação na política de acervo institucional se tornou um ponto de virada fundamental nas considerações acerca de gênero e arquivos conduzidas no CPDOC. A partir desse momento, o Programa de Arquivos Pessoais incorporou 10 novos arquivos relacionados com mulheres. É importante destacar que, somente nos últimos 13 anos, o CPDOC recebeu uma quantidade maior de arquivos de titulares mulheres do que nos quase 40 anos anteriores. Isso sublinha a importância do esforço contínuo para ampliar a representação e a visibilidade das vozes femininas na preservação da memória nacional.

A instituição também desenvolveu algumas iniciativas sobre o tema, com destaque para o Projeto de Digitalização dos Arquivos de Mulheres e o Programa de Iniciação Científica Voluntário "Mulheres Visíveis: atuação política feminina a partir do acervo do CPDOC".

O Projeto de Digitalização dos Arquivos de Mulheres, viabilizado por meio de um financiamento do Center for Research Libraries (CRL), foi concebido com o propósito de ampliar a visibilidade dos arquivos de mulheres preservados pelo CPDOC. O projeto focalizou

8 A Política de Acervo do CPDOC encontra-se acessível no site da instituição. Para mais detalhes, visite: https://cpdoc.fgv.br/acervo/arquivos-pessoais. Acesso em: 5 out. 2023.

a digitalização de nove arquivos já depositados na instituição, visando facilitar o acesso e a pesquisa a esses materiais. Nesse esforço, os arquivos de Almerinda Farias Gama, Anna Amélia de Queiroz Carneiro de Mendonça, Delminda Aranha, Hermínia Collor, Hilda Machado, Luiza Aranha, Niomar Moniz Sodré, Rosalina Coelho Lisboa e Yvonne Maggie foram digitalizados. O projeto também promoveu a revisão e a atualização das informações sobre os arquivos, assim como das biografias dessas titulares. Em junho de 2020, o CPDOC alcançou um marco significativo ao concluir a primeira fase do projeto, disponibilizando para consulta pública um total de 35.528 páginas de documentos digitalizados. Na segunda fase, encerrada em março de 2021, aproximadamente 1.000 fotografias dos arquivos da escritora Anna Amélia Carneiro de Mendonça e da antropóloga Yvonne Maggie foram liberadas, aumentando ainda mais o acesso às informações contidas nesses registros, que podem ser acessados no Portal do CPDOC.[9]

Figura 1
Yvone Maggie

Fonte: Arquivo Yvonne Maggie. FGV CPDOC.

9 Disponível em: https://cpdoc.fgv.br/. Acesso em: 5 out. 2023.

Figura 2
Anna Amélia

Fonte: Arquivo Anna Amélia. FGV CPDOC.

O Projeto "Mulheres visíveis: atuação política feminina a partir do acervo do CPDOC" é o resultado direto da participação de analistas da Documentação enquanto bolsistas do Projeto CAPES Print na York University, no Canadá. Durante essa oportunidade, os bolsistas adquiriram habilidades na gestão de acervos por meio de um tema comum. O projeto-piloto "Mulheres visíveis" tinha como objetivo abordar a predominância masculina nos arquivos que compõem o acervo do CPDOC, destacando a escassa visibilidade das contribuições das mulheres em várias esferas de atuação presentes no acervo e, por extensão, na história do Brasil pós-1930. Por meio da construção de um banco de dados relacional, o intuito era explorar e maximizar o potencial das três bases de acervo do CPDOC, buscando estruturar os dados de acordo com esse enfoque específico. Além disso, havia o planejamento de fomentar a colaboração com outras instituições, visando consolidar um guia abrangente sobre o engajamento político das mulheres ao longo dos séculos XX e XXI.

Essa ambição tomou forma concreta em novembro de 2020, com a criação da Rede Arquivos de Mulheres (RAM),[10] uma iniciativa articulada por meio de parceria com o Instituto de Estudos Brasileiros (IEB) da Universidade de São Paulo (USP). O propósito central da RAM é tornar visíveis, valorizar e refletir sobre os arquivos de mulheres, bem como sobre os processos de preservação que os envolvem. O estabelecimento dessa rede representa um passo importante na direção de um panorama mais completo e inclusivo da história das mulheres e de seu impacto na sociedade.

A Rede Arquivos de Mulheres (RAM)

Os objetivos primordiais da Rede abrangem a discussão sobre a lacuna presente nos arquivos de mulheres nas instituições de guarda, a promoção da visibilidade dos conjuntos documentais relacionados com mulheres (abrangendo arquivos pessoais e coletivos de movimentos e associações feministas ou femininas) e a reflexão sobre os impactos dos estudos de gênero e dos feminismos na prática arquivística.

A concepção da RAM envolveu o FGV CPDOC e o IEB como instituições fundadoras. Atualmente, a RAM também conta com a participação do Arquivo Nacional (AN) e do Instituto Moreira Salles (IMS), o que destaca a relevância e o compromisso crescente com a valorização e preservação dos registros que capturam as experiências e contribuições das mulheres ao longo da história.

---

10 Para visitar o site da RAM acesse o link: https://redearquivosdemulh.wixsite.com/website-2.

A Rede visa ser um espaço de discussão e troca entre profissionais de arquivo e pesquisadores interessados em refletir sobre as diversidades de gênero associadas às assimetrias étnico-raciais e regionais, no intuito de aprofundar os debates sobre as temáticas e os parâmetros comuns para a elaboração de políticas e ações que busquem melhorar e ampliar a salvaguarda, gestão, pesquisa e difusão desses acervos. Para discutir essas questões, a RAM promove, desde 2020, seminários e eventos sobre memória e arquivos de mulheres.

Formada por instituições públicas e privadas que têm sob sua custódia todos os tipos de itens documentais produzidos e acumulados por mulheres ou por instituições feministas, independentemente de sua natureza (pública ou privada), a RAM se dedica a cumprir sua missão, que consiste em: fortalecer a representatividade feminina nos acervos; promover a reflexão sobre gênero e memória nas instituições; desenvolver políticas e iniciativas que visem aprimorar e expandir a preservação, gestão, pesquisa e divulgação desses acervos; e conceber estratégias para equilibrar e garantir a incorporação de diversas perspectivas e perfis nos acervos das instituições (englobando diversidade étnico-racial, de sexualidade e de classe). A RAM está firmemente empenhada em valorizar e preservar as vozes e histórias das mulheres, reconhecendo a significância da inclusão de uma multiplicidade de experiências e narrativas.

Em maio de 2021 aconteceu o primeiro encontro de boas-vindas, no qual a RAM foi oficialmente apresentada a pesquisadores e instituições interessados em se associar a essa iniciativa. Após essa reunião, uma série de esforços foram empreendidos para promover encontros públicos e impulsionar o crescimento e a consolidação da Rede. Um dos aspectos distintivos da criação da RAM, além da sua proposta de colaboração entre diferentes instituições, foi o seu surgimento durante um período de trabalho remoto, forçado pelas restrições de deslocamento decorrentes da pandemia da Covid-19. Em termos de rotinas e práticas de trabalho, as instituições de guarda de arquivos tiveram que repensar e readequar muitas de suas atividades, e isto se refletiu também na forma como pensamos e discutimos a questão do acesso aos arquivos, especialmente no meio digital.

A habilidade de se adaptar e prosperar em um ambiente virtual atesta o engajamento das pessoas envolvidas nos propósitos da Rede, superando as dificuldades decorrentes do contexto pandêmico. Isso evidencia a dedicação compartilhada em promover a valorização dos acervos de mulheres e a reflexão sobre gênero, mesmo diante de desafios tão significativos. Após esse encontro, diversas iniciativas de promover reuniões públicas e buscar o crescimento e o fortalecimento da Rede foram implementadas

Os debates sobre digitalização e circulação de documentos arquivísticos por meio de repositórios digitais, sistemas de busca, websites, redes sociais, entre outros, já vêm ganhando destaque nos últimos anos, e a partir de 2020 tornaram-se mais centrais nas preocupações dos profissionais de acervo, tendo em vista o momento histórico. As possibilidades do digital trouxeram novas questões em termos de acessibilidade, diferentes formas de visualizar e pesquisar em um acervo e novas configurações de relações interinstitucionais, indo além das limitações geográficas. Uma das iniciativas da RAM foi a criação de um website, elaborado por bolsistas de iniciação científica do CPDOC, que apresentasse as principais atividades da Rede, como reuniões, publicações, palestras, podcasts, filmes, e possibilitasse que mais pessoas conhecessem as propostas e os objetivos dessa rede colaborativa. Utilizando uma ferramenta de construção de sites gratuita, o website da RAM busca se apropriar do ambiente digital como uma forma de expandir os debates e conhecimentos sobre arquivos de mulheres no Brasil, no intuito de alcançar novos públicos que pesquisam sobre esse tema, sejam pesquisadores individuais ou instituições que tenham interesse em se juntar à RAM.

Figura 3
Site da Rede Arquivos de Mulheres (RAM)

Fonte: https://redearquivosdemulh.wixsite.com/website-2.

As histórias contadas a partir da perspectiva das mulheres têm sido historicamente marginalizadas. Somente a partir dos anos 1960, no Brasil, é que a questão das mulheres começou a ganhar destaque como objeto de reflexão. Pesquisas realizadas nesse contexto começaram a questionar a historiografia oficial sobre a ausência ou apagamento das mulheres nas narrativas constituídas sobre o Brasil contemporâneo. Conforme destacado por Michelle Perrot em seu texto "Práticas da memória feminina", "no teatro da memória as mulheres são sombras tênues" (Perrot, 1989:9). As razões para isso residiam no fato de que a história tradicionalmente privilegiava o espaço público, a política e a guerra, esferas sociais que, por um longo período, foram pouco acessíveis às mulheres. A falta de representação das mulheres na história também é consequência da limitação de fontes acessíveis para a criação de relatos sobre a vivência feminina, um fenômeno identificado por Michelle Perrot como o "silêncio dos arquivos". A escassez de registros e documentos que retratam as vozes das mulheres contribui para a invisibilidade de suas histórias e vivências. É importante superar essa lacuna, adotando abordagens inovadoras e fontes alternativas para recuperar e dar importância às trajetórias femininas na história.

As reflexões pós-coloniais, que se tornaram proeminentes especialmente a partir dos anos 2000, também desempenharam um papel importante ao questionar e reexaminar as estruturas de poder e dominação inerentes à construção do conhecimento histórico. Essa evolução na abordagem historiográfica viabiliza uma compreensão mais abrangente e diversificada da história das mulheres, ressaltando o papel fundamental que elas desempenharam e continuam a desempenhar na sociedade.

A ausência de documentos de mulheres nos acervos históricos é uma lacuna significativa que compromete a representatividade e a compreensão da história das mulheres em diversas áreas da sociedade. Essa falta de registros e materiais documentais relacionados com as experiências, contribuições e realizações das mulheres ao longo do tempo resulta em uma visão distorcida e incompleta da história. Por meio da RAM busca-se preencher essa lacuna e garantir a preservação e o acesso aos arquivos relacionados com as mulheres, garantindo maior representatividade e visibilidade para as contribuições de mulheres na história. O acesso a esses materiais permite a realização de pesquisas mais abrangentes sobre a história das mulheres e suas contribuições para a sociedade.

Conclusão

A presença e a representação das mulheres nos acervos históricos é uma jornada marcada por desafios. O PAP do CPDOC, desde sua criação em 1973, testemunhou a incorporação gradual de acervos de mulheres; porém, por muitos anos, a sub-representação e a falta de visibilidade foram características persistentes. A transformação dessa realidade ganhou força em 2015, quando a instituição adotou oficialmente a inclusão ativa de acervos femininos em sua política de acervo, resultando na incorporação de novos arquivos femininos.

Essa mudança não apenas ampliou a representação feminina nos arquivos do CPDOC, mas também estimulou iniciativas concretas para destacar, preservar e compartilhar as histórias das mulheres. A disponibilização online de milhares de páginas de documentos e fotografias evidenciou a relevância desses acervos para a compreensão da história e das realizações das mulheres no Brasil.

A concretização da RAM é um marco significativo nesse esforço. A RAM não apenas visa tornar visíveis e valorizar os arquivos de mulheres, mas também fomentar a reflexão sobre o processo de preservação e a relevância desses acervos na construção da narrativa histórica.

A trajetória do CPDOC em relação à presença feminina em seu acervo é fruto de um processo de conscientização, mudança e compromisso. A instituição tem respondido de maneira proativa à necessidade de representação e inclusão das vozes femininas na história. As iniciativas realizadas evidenciam um esforço contínuo para revelar as atuações, contribuições e conquistas das mulheres que influenciaram e continuam a influenciar a sociedade brasileira. O percurso do CPDOC reflete um exemplo de como as instituições de preservação da memória podem promover a igualdade de gênero e enriquecer as narrativas históricas de forma mais abrangente, inclusiva e representativa. O caminho percorrido ao longo desses 50 anos de história sedimenta uma base sólida para seguir em frente, impulsionando o contínuo avanço e a ampliação do reconhecimento do papel das mulheres na história.

Referências

ALVES, Carolina Gonçalves; AMADO, Daniele Chaves; SPOHR, Martina; MARINHO, Renan de Castro. Arquivos pessoais, disponibilização e acesso na web: o caso do CPDOC. In: SEMINÁRIO NACIONAL DO CMU, VIII, Memória e acervos documentais, o arquivo como espaço produtor de conhecimento, 2016, Campinas. *Anais*... Campinas: Unicamp/CMU, 2016.

CASWELL, Michelle; PUNZALAN, Ricardo; SANGWAND, T-Kay. Critical archival studies: an introduction. *Journal of Critical Library and Information Studies*, v. 1, n. 2, p. 1-8, 2017. DOI: https://doi.org/10.24242/jclis.v1i2.50.

CIFOR, Marika; WOOD, Stacy. Critical feminism in the archives. *Journal of Critical Library and Information Studies*, v. 1, n. 2, p. 1-27, 2017. DOI: https://doi.org/10.24242/jclis.v1i2.27.

GONÇALVES, Martina Spohr. *De procedimentos a metodologia*: políticas de arranjo e descrição nos arquivos privados pessoais do CPDOC, 2007. Disponível em: https://bibliotecadigital.fgv.br/dspace/handle/10438/6962. Acesso em: 5 out. 2023.

MONTEIRO, Alessandra Nóbrega; COSTA, Anna Beatriz Oliveira Menezes; ALVES, Carolina Gonçalves; MENDES, Juliana Maia. Arquivos pessoais de mulheres: a experiência da Escola de Ciências Sociais (FGV CPDOC). In: SEMINÁRIO DE SABERES ARQUIVÍSTICOS, IX, 2019, Coimbra. ISSN: 2525-7544.

PERROT, Michelle. Práticas da memória feminina. *Revista Brasileira de História*, São Paulo, v. 9, n. 18, p. 9-18, ago./set. 1989.

POLLAK, Michael. Memória, esquecimento, silêncio. *Estudos Históricos*, Rio de Janeiro, v. 2, n. 3, p. 3-15, jun. 1989. ISSN 2178-1494. Disponível em: https://bibliotecadigital.fgv.br/ojs/index.php/reh/article/view/2278. Acesso em: 23 fev. 2019.

SUTHERLAND, Tonia. Archival amnesty: in search of Black American transitional and restorative justice. *Journal of Critical Library and Information Studies*, v. 1, n. 2, p. 1-23, 2017. DOI: https://doi.org/10.24242/jclis.v1i2.42.

VASSALLO, Jaqueline. Mujeres y patrimonio cultural: el desafío de preservar lo que se invisibiliza. *Revista do Instituto de Estudos Brasileiros*, [S.l.], n. 71, p. 80-94, 2018. DOI: 10.11606/issn.2316-901X.v0i71p80-94. Acesso em: 16 ago. 2022.

Casa Acervo CPDOC: relato de experiência[1]

Martina Spohr
Daniele Amado

Neste capítulo, apresentaremos um relato detalhado sobre o processo de mudança física de nosso acervo ocorrido em 2016. A importância em compartilhar esse relato está na ausência de produções sobre o tema em português. O CPDOC e seu acervo, constituído a partir de nossa criação em 1973, estiveram, até a mudança, localizados no prédio sede da FGV em Botafogo: primeiro, o acervo ficava próximo ou dentro das salas de trabalho e espalhado pelos andares; depois, acondicionado em depósito climatizado, situado no andar térreo do prédio, com armários deslizantes, controle de temperatura e acesso. Parte da documentação do CPDOC continuava até então sendo guardada no andar onde ficam as salas de trabalho. As fotografias, tanto avulsas quanto em álbuns, e todo o material audiovisual ficavam armazenados em armários deslizantes nos corredores. O acervo de fitas rolo e fitas cassete do Programa de História Oral (PHO) ocupou alguns armários até meados de 2008, quando, ao digitalizarmos essa documentação, as alocamos em armários em nosso depósito climatizado, localizado no primeiro piso da sede de Botafogo.

Ao longo dos anos, o espaço no térreo foi ampliado, aumentamos sua segurança e fizemos uma avaliação cuidadosa de riscos no ano de 2009, que apontou uma série de preocupações. O depósito

1 O presente relato foi retirado do evento de lançamento da Casa Acervo realizado em 2017 no CPDOC, com a presença de diversas instituições de arquivo do Rio de Janeiro.

estava localizado próximo a tanques de combustível dos elevadores, rodeado de pontos de água, próximo a outros depósitos de outras unidades — como limpeza, manutenção e restaurante. Esse diagnóstico fez com que os debates sobre as possibilidades de melhoria de nossos espaços se iniciassem de maneira mais ativa. Além dessas preocupações, havíamos chegado ao limite físico de nosso espaço. Não poderíamos mais receber arquivos.

Em 2010, tivemos a notícia de que a FGV adquirira uma casa histórica duas ruas atrás de sua sede e que esta poderia passar a guardar nosso acervo. Apesar das preocupações com o entorno de nosso depósito à época, o CPDOC mantinha seu acervo guardado em condições muito boas no prédio sede. Tínhamos um depósito climatizado, com controle de temperatura e umidade, sistema biométrico na porta de entrada, nenhum ponto de água interno, sistema de desumidificação, câmeras de segurança, detectores de incêndio, sistema de *sprinklers* para combate a incêndio, extintores manuais de incêndio de alta qualidade e um espaço de armazenamento sem janelas ou portas (somente uma porta de acesso). Comparativamente a diversas condições dos arquivos em contexto nacional, podemos considerar que saímos de um espaço muito bom para um espaço de excelência, um prédio pensado desde seu início para ser a casa de nosso acervo. As experiências de anos acumuladas nesse espaço foram de suma importância para a concepção, o acompanhamento e a finalização do projeto.

Em 2023, a Casa Acervo completou sete anos de existência. Neste capítulo, abordaremos as preocupações, decisões, fases e questões importantes para se pensar a construção e a mudança de prédios de guarda de acervo por meio do nosso caso. Desta forma, e de maneira cronológica, dividimos o relato em três seções. A primeira diz respeito à concepção do projeto da Casa e do prédio anexo que abriga o acervo. A segunda seção será dedicada à obra e à execução do projeto e a terceira, à mudança, ocorrida em 2016.

Concepção do projeto: os desafios iniciais

Em parceria com a empresa de arquitetura contratada para realizar a obra, a FGV iniciou em 2011 a regulamentação da Casa Acervo junto à prefeitura e órgãos públicos. A Casa Acervo é uma edificação de fachada preservada, o que nos impedia de realizar alterações estruturais ou expansões em sua construção. A casa, construída originalmente em 1922, que antes era utilizada como residência, apresentava inúmeros problemas de preservação e conservação. Lidar com essas limitações e otimizar o espaço do terreno, que não era muito grande, foi um desafio logístico complexo.

O processo de elaboração do projeto teve início em 2012. Duas ações iniciais foram realizadas: visitas técnicas a outras instituições de arquivo da cidade do Rio de Janeiro, buscando informações sobre a construção e reforma de depósitos de guarda de arquivos, e a contratação de José Luiz Pedersoli,[2] especialista em análise de risco, para avaliar todos os elementos de definição do projeto. As visitas técnicas foram de extrema importância para identificar os problemas enfrentados por outras instituições. Essa abordagem nos permitiu minimizar possíveis complicações. Desde o início, todos os envolvidos foram ativos nos debates, incluindo a equipe da Coordenação de Documentação e as áreas de arquitetura, engenharia e serviços gerais da FGV. A participação da equipe responsável pelo acervo ao longo de todo o processo foi o grande diferencial desde a concepção do projeto até a finalização da obra e a mudança física do acervo, já que as necessidades e demandas de guarda e preservação de acervos são inúmeras.

---

2 José Luiz Pedersoli atuou como importante colaborador antes do momento da elaboração do projeto. Seus cursos de formação treinaram grande parte da equipe da Documentação à época, nos preparando para acompanhar todas as etapas, desde a concepção do projeto à mudança do acervo.

A avaliação de risco para o acervo é uma etapa fundamental. Iniciamos essa etapa já no momento de elaboração do projeto. A oportunidade de mitigar os riscos desde o início é essencial para aumentar a eficácia dos resultados na gestão dos riscos e para não onerar a obra com futuras demandas. Aspectos como posicionamento dos equipamentos e infraestrutura do edifício, fluxo interno da edificação, acesso ao acervo e aos equipamentos, materiais de piso e paredes, localização de janelas e portas, entraram em nossa análise. As condições do entorno da casa e do prédio precisam estar, também, nessa elaboração. Avaliamos a localização, os prédios vizinhos, a proximidade com o mar e os riscos de enchentes, entre outros aspectos. Isso possibilitou que o projeto incluísse elementos que nos protegessem de possíveis riscos vindos de fora.

É importante ressaltar que é muito raro eliminar todos os riscos. Nossa abordagem buscou minimizar os perigos e garantir uma melhor proteção ao acervo do CPDOC. Após sete anos de uso da Casa, podemos afirmar que nenhuma intercorrência afetou diretamente o acervo. Não temos nenhum registro de sinistro, de nenhuma natureza. Tivemos alguns problemas pontuais, de que trataremos mais adiante. Para isso, realizamos varreduras e utilizamos ferramentas, como a análise dos agentes de deterioração, que englobam diferentes tipos de perigos que podem afetar o acervo. Recomendamos, assim, que qualquer reforma ou construção de novo prédio para a guarda de acervo aproveite a oportunidade para fazer a mitigação dos riscos já na fase de projeto.

O projeto arquitetônico da Casa Acervo considerou diversos agentes de deterioração. Durante o processo, realizamos uma varredura de oito perigos. Com base nessas análises, definimos diretrizes básicas durante a fase de planejamento em 2012. Ao longo da execução da obra, revisamos e aprimoramos essas diretrizes para garantir que fossem atendidas da melhor forma possível. São elas:

1. Acesso e detecção: Implementamos controle de acesso e sistemas de detecção de movimentos por câmera de segurança para evitar roubos e vandalismos ao acervo.
2. Alagamento ou água: Levamos em conta a localização da área para evitar problemas de inundação e também posicionamos tubulações fora da área de guarda para não interferirem no acervo.
3. Incêndio: Eliminamos possíveis focos de ignição, como o uso de *sprays*, e instalamos sistemas de detecção e combate ao fogo devidamente dimensionados.
4. Pragas: Utilizamos barreiras físicas e procedimentos para prevenir a entrada e proliferação de pragas no acervo.
5. Luz e radiação ultravioleta: Analisamos a quantidade de janelas e a orientação da edificação em relação à trajetória do sol, buscando reduzir a exposição do acervo à luz e à radiação ultravioleta.
6. Poluentes atmosféricos: Implementamos barreiras físicas para evitar a entrada de contaminantes no espaço do acervo.
7. Controle de umidade e temperatura: Escolhemos um revestimento adequado para manter as condições ideais de umidade relativa e temperatura, garantindo a estabilidade química e prolongando a vida útil dos materiais do acervo. Adotamos o sistema de ar-condicionado duplo, com controle de temperatura e umidade embutidos.
8. Problemas biológicos: Adotamos medidas para prevenir a formação de mofo e mantemos as condições de umidade e temperatura estáveis.

O projeto foi então concebido a partir dos relatórios de análise de risco feitos por Pedersoli e pela equipe da Documentação, unindo dados detalhados sobre os riscos da construção para o acervo. Para otimizar o espaço do terreno e preservar a identidade arquitetônica do prédio antigo, optamos por construir um prédio anexo nos fundos do terreno. Essa escolha permitiu dedicar os três andares do anexo exclusivamente ao depósito do acervo.

A casa foi estruturada da seguinte maneira: no primeiro piso, reservamos espaço para a sala de consultas e um pequeno auditório com capacidade para aproximadamente 25 lugares. Esse auditório foi reformulado no ano de 2020 para virar a sala educativa da Casa Acervo, onde passamos a receber visitas escolares no ano de 2022. No segundo piso, criamos estações de trabalho e uma sala de quarentena e higienização.

Figuras 1 e 2
Fachada da casa durante e depois da obra

Fonte: Daniele Amado.

Figuras 3 e 4
Sala de consultas durante a obra

Fonte: Daniele Amado.

Figuras 5 e 6
Sala de tratamento de acervo durante e depois da obra

Fonte: Daniele Amado.

Figuras 7 e 8
Sala de acervo durante e após a montagem dos armários deslizantes e instalação final do sistema de refrigeração

Fonte: Daniele Amado.

No prédio anexo, dispomos de uma câmara fria exclusiva para o armazenamento de documentos audiovisuais, bem como uma sala de triagem e estabilização. Esses recursos representam grandes avanços em relação ao nosso espaço de depósito anterior, pois nos permitem receber acervos e prepará-los para a guarda de forma mais adequada, com estabilização e higienização, facultando que as etapas de preservação de acervos fossem cumpridas desde sua chegada até a disponibilização para consulta. Os segundo e terceiro pisos do prédio anexo são destinados principalmente ao armazenamento de documentos em papel, proporcionando espaços apropriados para essa finalidade.

O público externo acessa inicialmente apenas o primeiro andar da casa. A ligação entre o prédio e a casa é realizada por uma passarela coberta. Todavia, restringimos o acesso do público ao primeiro andar do prédio, e ninguém pode entrar nas dependências sem a biometria. O mesmo se aplica ao segundo andar, onde estão localizadas as salas de tratamento e acervo.

No térreo, todos os ambientes que poderiam conter elementos nocivos à preservação do acervo foram posicionados. Já no segundo e terceiro pavimentos, buscamos otimizar os espaços para abrigar os sistemas de condicionamento e as casas de máquinas de ar-condicionado externas ao acervo. Essa medida reduz a necessidade de acesso constante ao interior do depósito, garantindo uma estabilidade maior na temperatura e umidade. A circulação vertical foi projetada de forma a ser mínima e eficiente, com uma escada e um elevador atendendo às necessidades de acesso. Todo o restante da estrutura de trabalho foi concentrado no segundo pavimento da casa, proporcionando um fluxo funcional e facilitando o acesso dos pesquisadores aos materiais do acervo.

Na fachada do anexo foram utilizados painéis metálicos que proporcionam uma barreira térmica, garantindo uma melhor estabilidade da temperatura do acervo e evitando ganhos térmicos do exterior para o interior. Esses painéis possuem vincos horizontais que fazem referência ao desenho original da casa, assim como as ênfases colocadas ao redor das esquadrias. Para a guarda ideal de um acervo, busca-se um ambiente sem janelas, com material inerte e isolado do exterior. Nesse sentido, o edifício foi projetado para maximizar a segurança. Essa camada protetora do edifício foi cuidadosamente planejada para dificultar a entrada de possíveis vândalos ou ladrões.

Priorizamos a segurança do acervo, mobiliário de guarda e materiais de acondicionamento, utilizando sistemas de biometria e outras medidas para restringir o acesso não autorizado. Testes de inundação no telhado foram realizados para garantir sua estanqueidade, uma vez que infiltrações de chuva podem ser problemáticas. Uma das medidas tomadas foi na cobertura, onde foi feita instalação de barreiras para otimizar a segurança. Isso evita que pessoas possam pular nas casas vizinhas e acessar facilmente a cobertura. Além dessas considerações, a segurança é um aspecto central e constante na Casa. O controle e acesso das câmeras de segurança desempenham um papel crucial na garantia da segurança tanto do acervo como do espaço onde temos circulação do público. Ainda que o acesso ao acervo seja altamente restrito e a visitação seja limitada, a gestão eficiente das imagens gravadas pelas câmeras é essencial.

Além das câmeras, aspectos como iluminação e ângulos de gravação desempenham papéis fundamentais no êxito dos investimentos em segurança. Uma abordagem eficaz é combinar a detecção com uma resposta imediata. Isso requer não somente a monitorização das câmeras, mas também a implementação de planos de ação e procedimentos de resposta para áreas críticas do acervo, onde riscos como furtos ou extravios são mais prováveis. A capacitação da equipe para focalizar as áreas sensíveis e agir prontamente em casos de incidentes é um passo crucial. Mecanismos como botões de pânico são essenciais para acionar ajuda rapidamente. Essa abordagem também é aplicável a outras formas de detecção, como incêndios ou monitoramento climático. A detecção é o ponto de partida, mas a resposta ágil é o alicerce para evitar danos ao acervo e garantir a segurança do patrimônio. A equipe da Coordenação de Documentação foi treinada para responder a todas essas demandas e trabalha diretamente com os outros setores responsáveis da FGV.

Para enfrentar as limitações de segurança em áreas onde a instalação de grades ou barreiras físicas não é viável, implementamos um sistema de alarme. Esse sistema utiliza sensores infravermelhos de feixe duplo, acionando um alarme em caso de invasão. Ajustar a sensibilidade tem sido um desafio, uma vez que o alarme pode ser acionado por eventos insignificantes, como a queda de uma folha. Apesar disso, a eficácia do sistema é indiscutível.

Para garantir o funcionamento constante do sistema de ar-condicionado e desumidificação, contamos com um sistema de *backup* com autonomia de 12 horas em situações de falta de energia. Adicionalmente, realizamos monitoramento tanto no local quanto de maneira remota na sede da FGV. Na entrada do prédio, instalamos um porteiro eletrônico com câmera, permitindo a identificação de visitantes antes de conceder acesso.

Desta forma, o projeto final ficou definido com as seguintes características, de maneira resumida:

- Estrutura da Casa
  Primeiro piso:
  Sala de consultas e um miniauditório (convertido em sala educativa em 2020)
  Segundo piso:
  Sala com estações de trabalho e sala de higienização.

- Prédio de acervo na parte de trás do terreno com três andares
  São três salas de acervo:
  Primeiro piso: câmara fria para armazenamento de documentos audiovisuais; sala de triagem e estabilização para chegada de novos acervos.
  Segundo e terceiro pisos: duas salas para armazenamento de documentos em papel.

- Segurança:
  32 Câmeras, todas com infravermelho e com alcance de 20 metros. O sistema é digital, baseado em DVR e imagens em 960h de resolução.
  Monitoramento 24h no local e remoto (edifício sede).
  Sistema de alarme em todos os pontos vulneráveis. Sensores de barreira de duplo feixe no perímetro, sensores de movimento por micro-ondas nas partes internas e sensores de abertura nas portas de perímetro.

Sistema de energia garantindo 12h de atuação em falta de energia, sistema de monitoramento acionado no local e remoto (edifício sede).

Porteiro eletrônico com câmera na entrada.

Biometria em todas as portas do prédio, internas e externas com acesso restrito aos cadastrados.

Sensores biométricos de dupla negociação, online e offline, com energia fornecida por Fonte com função *nobreak*, garantida nos sensores e na fechadura de eletroímã. Ressaltamos que, quando falta energia, a bateria assume, e, quando retorna, ela volta a carregar, sem que os sensores/ equipamentos sintam a queda de energia.

Acesso ao público externo restrito por barreiras físicas ao primeiro andar da casa (acesso ao segundo andar somente via biometria pela passarela que o liga ao prédio).

Vigia 24 horas treinado para responder a sinistros relacionados ao acervo.

- Sistema de combate ao incêndio

Sistema de gás FM-200 instalado em todas as salas de acervo.

Distribuídos 25 detectores ópticos de fumaça.

Central de detecção e alarme, convencional, certificado de acordo com a Norma EN54-2 e certificação europeia, além do certificado Aenor.

Também foi instalado sistema de supressão por gás HFC--227ea (agente extintor), certificado pela FM Aproved.

Quadro de avarias instalados na estação do vigia 24 horas.

A obra e suas questões

As obras tiveram início em março de 2014. Além das questões de projeto e reforma, precisávamos regularizar legalmente a edificação para que atendesse às necessidades funcionais e comerciais. A reconstrução não foi tarefa fácil. A casa original era composta de pisos e uma estrutura de segundo pavimento em madeira, com um telhado autoportante apoiado apenas nas paredes da fachada, construídas de pedra. A configuração peculiar da casa, com um corredor estreito de um lado e outro mais largo, adicionou desafios ao construir um prédio em concreto armado no fundo do terreno.

Para viabilizar a obra, foi necessário escorar e demolir completamente a casa original, estacando o subsolo e instalando uma estrutura metálica interna. Lajes pré-fabricadas foram empregadas, e a antiga escada, estreita e pequena, foi removida, dando lugar a um novo projeto de circulação vertical por meio do anexo. Uma questão fundamental que impactou significativamente o projeto foi o muro de contenção no fundo do terreno. Com a presença de prédios imediatamente acima dele, tomamos diversas medidas técnicas para mitigar riscos. Foi essencial que o prédio fosse afastado das laterais, permitindo uma circulação completa ao seu redor, evitando interferências externas no depósito do acervo.

O projeto também contemplou aspectos de sustentabilidade. Todas as divisões internas foram feitas com materiais leves em *drywall*, permitindo uma configuração espacial flexível, que poderá ser adaptada no futuro, se necessário. Procuramos evitar uma ligação física muito intensa entre os dois prédios para preservar a identidade arquitetônica do prédio antigo.

Quanto aos aspectos técnicos, uma providência fundamental foi a duplicidade do sistema de condicionamento de ar. Instalamos um par de aparelhos tanto nas casas de máquinas quanto na cobertura, utilizando uma central de água gelada. Essa duplicidade garante que, caso um dos aparelhos apresente algum problema, o outro possa assumir a função, prolongando a vida útil dos equipamentos e prevenindo falhas ao longo do tempo.

Além disso, preocupamo-nos com a questão acústica, uma vez que o prédio é baixo e vizinho a um edifício de apartamentos. Para cumprir a legislação ambiental municipal, foram instalados atenuadores acústicos nas saídas dos equipamentos, evitando que o ruído ultrapasse os limites permitidos. Esses atenuadores foram estrategicamente posicionados em direção ao lado oposto do prédio, e realizamos modificações na fundação para prevenir problemas futuros relacionados com o ruído.

Figura 9
Acompanhamento da obra pela equipe

Fonte: Daniele Amado.

A Casa Acervo foi entregue em julho de 2015, seis meses antes do prazo previsto. Após a conclusão da obra, realizamos uma nova avaliação antes de levar o acervo para o prédio. Colocamos a Casa para funcionar em formato de teste: ligamos o sistema de condicionamento de ar, verificamos possíveis pontos de umidade, aprendemos a gerenciar o combate a incêndio e os sistemas de segurança, antes de levar o acervo. Essa é uma importante recomendação, caso a instituição tenha tempo hábil. Após todos os testes, iniciamos efetivamente o processo de mudança.

A mudança do acervo: planejamento e desafios

Após a obtenção das licenças necessárias, iniciamos o procedimento de seleção e administração da empresa encarregada da realocação do acervo em nosso depósito na sede para nossa nova Casa. Essa foi uma tarefa que demandou grande atenção à logística envolvida. Elaboramos mais um relatório de análise de riscos detalhado, simulando todo o percurso que os documentos percorreriam, desde a saída da sede até o acondicionamento no novo espaço. Examinamos os riscos possíveis que poderiam ocorrer, incluindo a escolha do trajeto mais adequado para o transporte dos documentos e sua forma de acondicionamento.

Apesar de ser um percurso curto, abrangendo apenas um quarteirão, foi imperativo entender em detalhes como o transporte seria conduzido, considerando horários, condições climáticas, mudanças eventuais que poderiam ocorrer na sede simultaneamente, problemas com elevadores e a logística de estacionamento do caminhão de mudança. Antecipar todos esses aspectos desde o início foi fundamental para evitar perdas de tempo e garantir a logística da mudança sem contratempos que pudessem afetar a preservação da documentação, nossa maior preocupação. A seleção da empresa responsável pela mudança foi desafiadora. Nossa demanda era bastante específica e fugia do habitual das empresas regulares de mudança da cidade. Todas as necessidades foram consideradas e incluídas no orçamento desde o início da contratação da empresa. Isso garantiu que as demandas fossem atendidas e evitou dificuldades financeiras ao longo do processo.

Obtivemos cotações de três empresas. Contratamos a empresa que apresentou maior flexibilidade nos prazos, algo crucial para nosso fluxo de mudança do acervo. Contratar uma empresa de mudança com prazos inflexíveis e definidos teria sido inviável, uma vez que várias situações imprevistas poderiam surgir durante o processo. Questões climáticas, problemas com o caminhão ou até mesmo a necessidade de mais tempo para o empacotamento dos documentos poderiam surgir. Portanto, determinar um prazo rígido não teria sido apropriado para nós. A empresa contratada nos concedeu 20 dias ajustáveis para a mudança, permitindo cinco dias para a preparação, desmontagem e empacotamento dos armários, além de 10 dias para a efetiva transferência dos documentos para o novo edifício.

A equipe da empresa de mudança permaneceu a mesma ao longo do processo, com variações apenas na inclusão ocasional de novos membros. Essa decisão visava aumentar o ritmo de trabalho e evitar atrasos. Mantivemos o acompanhamento e uma comunicação constante com a empresa, garantindo que todos compreendessem as peculiaridades do nosso processo. Cada dia era uma nova experiência, e tivemos que monitorar de perto a situação para garantir a conformidade com o plano. A logística da mudança foi uma aprendizagem progressiva, uma vez que não tínhamos um modelo predefinido para seguir. Inicialmente, a abordagem era mais improvisada, com apenas duas pessoas trabalhando em período integral. Entretanto, logo percebemos que essa abordagem não seria sustentável, já que era extremamente cansativa e exigia muita atenção.

Adotamos um sistema de escala para evitar o esgotamento da equipe, já que a mudança era um processo bastante exigente. Duas pessoas da nossa equipe ficavam na parte da manhã e duas na parte da tarde na sede, encaixotando os materiais. Na Casa Acervo, outras duas pessoas se encarregavam de desencaixotar e organizar os itens. O empacotamento demandava mais tempo do que o desempacotamento, devido à minuciosa verificação para garantir a ordem e a organização, evitando assim o risco de dissociação do acervo.

Em todas as etapas do processo, não foi realizada nenhuma atividade de embalagem, transporte ou desembalagem sem a supervisão de um membro da nossa equipe. Sempre havia alguém acompanhando o processo para garantir que tudo ocorresse conforme o planejado e que a documentação fosse tratada adequadamente. O processo de mudança ocorreu ao longo de três meses, iniciando em março de 2016 e sendo finalizado em junho do mesmo ano. As etapas incluíram a retirada dos materiais fotográficos, livros e folhetos, a desmontagem dos arquivos deslizantes, a montagem dos novos arquivos, entre outras atividades que requeriam um planejamento detalhado e uma equipe coordenada. A média de produção era de aproximadamente 70 a 80 caixas por dia, mas em algumas ocasiões o processo se tornava mais lento, especialmente quando as condições climáticas não eram favoráveis e tínhamos que esperar pela melhora do tempo para realizar o transporte.

Vale ressaltar que essa experiência de mudança não é comumente encontrada na literatura, o que nos levou a aprender na prática e a adaptar nossas estratégias para tornar o processo mais eficiente e eficaz.

O grande ganho com o novo espaço é a possibilidade de cumprir todas as etapas do procedimento de tratamento do acervo, desde o recebimento até a disponibilização do acesso. Antes, tratávamos o acervo no mesmo ambiente, sem espaços separados, mas agora temos uma sala de higienização e espaços adequados para cada etapa. Além disso, tivemos um grande aumento de espaço para receber arquivos, pois ocupamos pouco menos de 50% da área disponível no

Figura 10
Desembalagem e instalação de armários deslizantes

Fonte: Daniele Amado.

novo prédio. Com isso, voltamos a ter a possibilidade de incorporar novos arquivos ao nosso acervo documental.

Desde sua inauguração a Casa precisou de poucas intervenções, passando apenas por alguns ajustes pontuais e manutenções regulares. Acreditamos que a preocupação em desenvolver o projeto desde seu início de maneira integrada com todas as equipes da FGV e com nossos parceiros — consultores e empresas contratadas — fez com que o projeto de termos um prédio exclusivamente pensado e construído para abrigar o acervo do CPDOC, que conta atualmente (outubro de 2023) 239 arquivos e mais de 2 milhões de documentos, tenha se consolidado. Nosso patrimônio arquivístico permanece, desta forma, em um ambiente idealmente pensado e gerido pela Coordenação de Documentação, garantindo sua preservação a longo prazo.

Entrevistas, arquivos, projetos de pesquisa e ações patrimoniais: um estudo de caso no FGV CPDOC

Celso Castro

Uma entrevista de história oral ou um arquivo pessoal não deve ser visto como algo dado, terminado, que vem a ser depositado em uma instituição de guarda e que lá permanece, à espera de seus usuários. Mais do que pontos fixos, esses documentos podem ser elos de uma não antecipada e complexa cadeia de interações sociais.

Este capítulo abordará uma sequência de ações que, por caminhos não antecipados, levaram a resultados inter-relacionados e de grande relevância para uma instituição de pesquisa, documentação e ensino: o Centro de Pesquisa e Documentação de História Contemporânea do Brasil, a Escola de Ciências Sociais da Fundação Getulio Vargas (FGV CPDOC).

Essas ações são, resumidamente: 1) a realização de uma entrevista de história de vida com o antropólogo Roberto DaMatta; 2) a doação de seu arquivo pessoal ao CPDOC; 3) o surgimento, a partir desse arquivo, de um projeto colaborativo com o Povo Apinajé; 4) o ingresso, na pós-graduação do CPDOC, dos dois primeiros alunos indígenas; e 5) a oferta do primeiro curso ministrado por professores indígenas na instituição.

*

Em 25 de outubro e 29 de novembro de 2021, realizei duas sessões de entrevistas de história oral com o antropólogo Roberto DaMatta, no âmbito do projeto "Memória das ciências sociais no Brasil". O objetivo do projeto é registrar a trajetória de cientistas sociais que tiveram reconhecida importância no Brasil. Depois de processadas, as entrevistas são disponibilizadas publicamente por meio da internet. Iniciado em dezembro de 2007 e ainda em andamento, o acervo documental decorrente do projeto já conta, em junho de 2023, com 115 cientistas sociais entrevistados no Brasil, em um total de 266 horas de gravação audiovisual.[1]

Tem sido comum, como decorrência do projeto, a eventual doação de arquivos pessoais de entrevistados ao CPDOC.[2] No caso de DaMatta, a partir da entrevista, surgiu a possibilidade de recebermos seu arquivo pessoal. Ele tinha 85 anos quando a entrevista foi realizada e achou que era hora de dar um destino aos documentos que acumulara em sua trajetória acadêmica. Já conhecia o trabalho do CPDOC e recebeu o incentivo de outras pessoas que conheciam ou mesmo haviam doado seus arquivos à instituição.

A doação foi realizada em fevereiro de 2022, quando chegou a primeira remessa dos documentos, em um total de 21 caixas. Posteriormente, ao longo do ano, novas remessas, embora menores, chegaram ao CPDOC.

Vieram, nesse acervo, entre outros itens, muitas fotografias tiradas por DaMatta durante suas temporadas de pesquisa etnográfica entre os indígenas Apinajé entre 1962 e 1970, para sua tese de doutorado, defendida na Harvard University, em 1970, posteriormente publicada como *Um mundo dividido: a estrutura social dos índios Apinayé* (DaMatta, 1976). As fotos registram pessoas, lugares e rituais do Povo Apinajé. Estimamos, inicialmente, em cerca de 1.000

---

1 O site do projeto é: https://cpdoc.fgv.br/cientistassociais. Acesso em: 7 fev. 2024. Sobre o projeto, ver Castro e Griner (2023: v. 1, p. 13-43) e Blois (2019:329-333).

2 Entre 2016 e 2023, foram doados ao CPDOC os arquivos pessoais de 10 entrevistados pelo projeto: Yvonne Maggie, Gilberto Velho, Alba Zaluar, Mariza Peirano, Roberto DaMatta, Glaucia Villas Boas, Ellen e Klaas Woortmann, João Pacheco de Oliveira Filho e Alzira Alves de Abreu.

Figura 1
Arquivos em caixas na casa de Roberto DaMatta

Fonte: FGV CPDOC.

Figura 2
Arquivos em caixas na Casa Acervo

Fonte: FGV CPDOC.

fotografias dos Apinajé. Mas, com o passar do tempo, identificamos muitas mais, chegando a cerca de 3 mil. Com relação ao material Apinajé, vieram, também, no arquivo, dezenas de gravações em fitas cassete e ao menos um filme Super-8 feito pelo antropólogo.

Uma dificuldade incontornável, contudo, se colocou desde o primeiro momento em relação ao processo de organização do material audiovisual sobre os Apinajé. A descrição invariavelmente seria genérica, já que não há registro dos nomes dos indígenas no material. Além disso, DaMatta afirma não se lembrar do nome de quase nenhum deles, visto que a pesquisa foi realizada há mais de 50 anos. Os indígenas, dessa forma, teriam suas identidades pessoais ignoradas no processo de identificação e posterior disponibilização pública dessas imagens.

Figura 3
Roberto DaMatta com uma foto de seu arquivo pessoal

Fonte: FGV CPDOC.

Para enfrentar essa dificuldade, tomei a iniciativa de solicitar a colaboração dos próprios Apinajé para a identificação das fotos. Uma busca na internet me levou a localizar Júlio Kamêr Apinajé, professor da Escola Indígena Tekator, localizada na Aldeia Mariazinha, Terra Indígena Apinajé.[3] Escrevi um e-mail para Júlio em junho de 2022 e, logo depois, marcamos de conversar sobre a ideia que tinha de uma possível colaboração para a identificação das fotos e outros materiais relacionados aos Apinajé. Durante uma longa conversa via Zoom, Júlio manifestou grande interesse na proposta, que possivelmente incluiria, também, professores e alunos das outras escolas indígenas Apinajé, bem como pessoas de mais idade.

O conhecimento do material que recebemos no arquivo, assim como a ideia de um trabalho colaborativo, foram, desde o início, entusiasticamente saudados pelos indígenas. Em várias conversas e reuniões virtuais, indígenas Apinajé manifestaram que viam, na possibilidade de colaboração com a FGV, uma oportunidade excepcional para terem uma história de seu povo contada pelos próprios Apinajé. Isto conduzindo a um maior reconhecimento e valorização de sua cultura.

Todas as iniciativas que tomamos ao longo da interação com os Apinajé foram realizadas com o máximo de cuidado em deixar claras nossas ações e intenções, das quais eles deveriam estar plenamente esclarecidos e dar consentimento. Para além das conversas e encontros virtuais mais informais, foram sendo registradas também as principais iniciativas, por intermédio de mensagens com o presidente da Associação Pempxà (Associação União das Aldeias Apinajé).

*

3 Júlio foi o segundo indígena a se tornar mestre pelo Programa de Pós-Graduação em Antropologia Social (PPGAS) da Universidade Federal de Goiás, com a dissertação: *Mẽ ixpapxà mẽ ixàhpumunh mẽ ixujahkrexà: território, saberes e ancestralidade nos processos de educação escolar Panhĩ.*

Após os primeiros contatos, ficou evidente que, mais do que a simples identificação dos indivíduos nas fotos do arquivo doado ao CPDOC, o trabalho poderia abranger a explicação de todo um rico contexto social e cultural. Um evento marcante foi a realização, em 12 de julho de 2022, de uma reunião virtual na qual apresentamos algumas fotos e trechos do filme para os Apinajé. Participou da reunião também, por sugestão dos Apinajé, o antropólogo Odair Giraldin, então professor na Universidade Federal do Tocantins (UFT), *campus* de Porto Nacional, que se disponibilizou a colaborar conosco desde então e deu várias sugestões.[4]

A reunião virtual contou com a participação de Zé da Doca, senhor de mais de 70 anos e uma das principais lideranças Apinajé. Ele conhecera DaMatta e identificou diversos indivíduos nas fotos. Cada identificação, contudo, era acompanhada de várias informações contextualizadas sobre a pessoa, o local ou o evento que registravam. Os Apinajé ficaram muito interessados, emocionados mesmo, com a identificação de parentes — avós, pais, tios etc. — nas fotos, e manifestaram o desejo de envolver tanto os mais velhos quanto jovens estudantes nesse processo. Ficaram, ainda, muito interessados em saber se, no material doado, havia gravações que permitissem recuperar cânticos ou partes de rituais que haviam sido por eles perdidos ou esquecidos.

Desde logo, ficou claro também que a identificação do material que recebemos no arquivo poderia seguir lógicas culturais distintas. Temos no CPDOC, por exemplo, vários elementos identificadores para fotografias: local, data, nome do fotógrafo, se o registro é colorido ou p&b etc. Mas, como Roberto DaMatta organizaria esse material? Por temporada de ida a campo? Pelo tema ou evento retratado? E os indígenas Apinajé, como fariam o "arranjo" arquivístico desse material?

---

4 Odair Giraldin pesquisa os Apinajé desde a década de 1990 e escreveu sobre eles sua tese de doutorado: *Axpen Pyrak*: história, cosmologia, onomástica e amizade formal Apinajé. Campinas: Unicamp, 2000.

Figura 4
Registro de reunião online de apresentação do arquivo ao povo Apinajé

Fonte: FGV CPDOC.

Para avançar no registro desses três possíveis esquemas classificatórios — o da instituição arquivística, o do antropólogo que criou os documentos, e dos Apinajé que foram retratados — tomamos algumas iniciativas. Fizemos entrevistas adicionais com DaMatta visualizando parte do material doado e já digitalizado, para entendermos como ele arranjaria os documentos.

Em relação aos Apinajé, a tarefa mostrava-se muito mais complexa, inclusive porque envolvia muitos elementos que não eram, imediatamente, claros para eles nas fotos — as pessoas, locais e eventos retratados —, como também variavam em função do grau de conhecimento que cada um tinha do passado e da experiência individual em relação ao que estava registrado.

Bronisław Malinowski (1916), já em seu texto "Baloma, the spirits of the dead in the Trobriand islands", de 1916, mostra como são falsas generalizações como "os nativos pensam assim". Há uma variedade das opiniões individuais, resultado da posição que cada indivíduo ocupa na estrutura social e que pode, por exemplo, qualificá-los a falar com maior ou menor autoridade sobre determinado assunto. Deve-se, portanto, evitar relatos unidimensionais nos quais, a partir da opinião de um indivíduo, o etnógrafo generaliza, colocando-a no plural. Não se pode, é claro, registrar todas as possíveis variações individuais, mas é preciso um esforço consciente — e seguindo regras metódicas e explícitas — de simplificá-las. Mais do que isso, acrescento eu, é preciso, também, que todo esse processo seja registrado e documentado, para que outros possam entender como foi feita a organização das informações.

Dessa forma, aquilo que víamos, inicialmente, como um empreendimento conjunto para a simples identificação de documentos arquivísticos transformou-se na busca por estabelecer um trabalho colaborativo mais aprofundado. Este implicaria a organização e constituição de um patrimônio histórico-cultural de grande importância para os Apinajé. Foi, então, formalizado o projeto "Patrimônio documental indígena: trabalho colaborativo entre o FGV CPDOC e o Povo Apinajé", que recebeu aprovação e financiamento do fundo de pesquisa da própria FGV. Como resultado desse projeto colaborativo, iniciado em janeiro de 2023, buscar-se-á identificar e organizar um patrimônio histórico-cultural do Povo Apinajé, além de se planejar a constituição de algo como um centro de memória Apinajé. O trabalho também levará ao estabelecimento de uma metodologia para o tratamento de documentação histórico-cultural de povos indígenas e outras minorias.

*

Logo após a preparação do projeto, e mesmo antes de seu início formal, tive a ideia de termos alunos Apinajé no Mestrado Profissional em Bens Culturais e Projetos Sociais do CPDOC, para se dedicarem ao projeto. Esse mestrado, avaliado com nota máxima pela Capes e referência em sua área, é totalmente aderente ao tema do projeto totalmente. A proposta foi muito bem aceita pelos Apinajé e, desse modo, foi realizado, em dezembro de 2022, um processo seletivo especial que aprovou dois indígenas para ingressarem na turma que iniciou o curso em março de 2023: Emílio Nhĩnô Dias, presidente da Associação Pempxà, e Andressa Iremex, professora bilíngue na Escola Indígena Pepkrò do Povo Apinajé. A presença de dois alunos Apinajé em nosso mestrado foi uma novidade para nosso programa de pós-graduação, o qual, pela primeira vez, passou a contar com alunos indígenas. A inserção desses alunos no mestrado trouxe, também, novas perspectivas para o trabalho colaborativo.

A maioria das disciplinas do mestrado profissional é oferecida em formato online, porém duas disciplinas obrigatórias devem ser cursadas presencialmente, concentradas em uma semana nos dois primeiros semestres do curso. Recebemos no Rio de Janeiro, entre 24 de março e 6 de abril de 2023, esses dois alunos, os quais ficaram uma semana a mais do que a duração da disciplina intensiva, a fim de que pudessem conhecer o acervo recebido e participar de reuniões que definissem como o processo poderia ser desenvolvido. Esteve também conosco, durante a primeira semana, o antropólogo Odair Giraldin, já na condição de colaborador do projeto.

A primeira semana de trabalho incluiu uma apresentação de Odair, Emílio e Andressa sobre o Povo Apinajé para a equipe do projeto e alunos da pós-graduação do CPDOC.

Em 3 de abril de 2023, promovemos um encontro em nossa Casa Acervo (onde está armazenado o material arquivístico do CPDOC) entre Roberto DaMatta e os alunos Apinajé. O encontro, emocionante sob vários aspectos, possibilitou, igualmente, a troca de informações sobre alguns documentos do arquivo.

Figura 5
Oficina ministrada por Andressa Iremex, Emílio Nhinhô e Odair Giraldin sobre o povo Apinajé no CPDOC

Fonte: FGV CPDOC.

Figura 6
Roberto DaMatta, Emílio Nhinhô e Andressa Iremex na casa Acervo

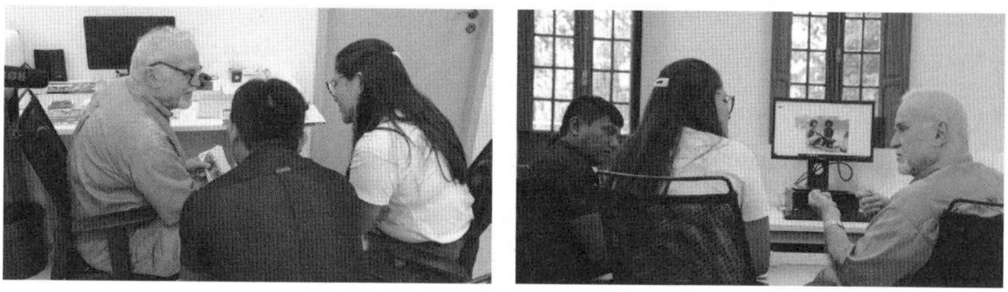

Fonte: FGV CPDOC.

No dia do encontro com DaMatta, em determinado momento, Andressa disse que tinha uma pergunta que os Apinajé sempre quiseram fazer para ele: "Por que o senhor nunca voltou?". Da Matta começou explicando que precisou assumir funções acadêmicas e institucionais. Depois, mudou-se para os Estados Unidos etc., mas parou e, após um momento de silêncio, disse que aquela havia sido "a pergunta da vida" dele. E finalmente respondeu: "Acho que é porque sou um mal-agradecido mesmo...".

Figura 7
Roberto DaMatta, Andressa Iremex e Zé da Doca na aldeia Botica

Fonte: FGV CPDOC.

Figura 8
Recepção de Roberto DaMatta na aldeia Botica, Terra Indígena Apinajé

Fonte: FGV CPDOC.

Figura 9
Banho de rio na Aldeia Botica, Terra Indígena Apinajé

Fonte: FGV CPDOC.

Propus, então, que resolvêssemos essa questão, ou pagássemos essa dívida, com uma visita de DaMatta aos Apinajé. A viagem foi realizada no final de agosto de 2023, com grande emoção da parte de todos os envolvidos. No dia 20 de agosto de 2023, DaMatta retornou, após 45 anos, ao Povo Apinajé.

Vale observar que todo esse processo tem sido registrado por nosso Núcleo de Audiovisual e Documentário, criado em 2006. Além do simples registro histórico, o material produzido, acrescido de trechos da entrevista com DaMatta e de documentos de arquivo, resultará na produção de filmes documentários.

*

Depois desse primeiro contato direto dos alunos Apinajé com o material do arquivo, foram realizadas reuniões de trabalho deles com a equipe do CPDOC, para alinhar a metodologia de trabalho a ser utilizada ao longo do projeto. Não cabe, aqui, descrever em detalhes esse processo colaborativo de organização, ainda em desenvolvimento. Apenas para dar um exemplo da riqueza e do impacto desse material para os Apinajé, destaco uma passagem do filme em Super-8, a qual registra momentos do ritual do Pàrkapê, que encerra um período de luto, e é ainda hoje realizado pelos Apinajé, porém já bastante modificado. As imagens produzidas por DaMatta são registros raros dessa cerimônia de luto em que os indígenas Apinajé homenageiam seus mortos, simbolizados nas toras de madeira extraídas da árvore paineira conhecida como "tora do barrigudo". Durante o período de luto, as pessoas não podem cortar o cabelo, não podem fazer pinturas corporais, nem participar de festividades. Quando o luto é finalizado na festa do Pàrkapê, as pessoas podem voltar a cortar o cabelo e a se pintar. Esse dado é relevante porque, durante o processo de organização das fotos do arquivo, a equipe se deparou com várias fotos de cortes de cabelo e de pinturas corporais. Essas imagens, agora contextualizadas, ganham novos sentidos e podem representar momentos de preparação ou posteriores ao Pàrkapê.

Como disse, não se trata mais de uma colaboração apenas para identificar documentos. Não se trata nem mais apenas do material Apinajé no Arquivo Roberto DaMatta. O efeito do recebimento desse arquivo levou à busca de novos arquivos. Pedimos a doação do arquivo do antropólogo Odair Giraldin, que consentiu e deve realizar a entrega ainda este ano. Além disso, localizamos no Museum für Völkerkunde Dresden (Museu Etnológico de Dresden) um conjunto de 94 fotografias dos Apinajé feitas entre 1928 e 1930 por Curt Nimuendajú e que já nos foram disponibilizadas. Algumas delas foram incluídas em sua monografia sobre os Apinajé (Nimuendajú, 1939:189), a primeira a ser publicada sobre esse povo, mas muitas fotografias são inéditas. Teremos, assim, em breve, um conjunto documental muito mais ampliado, o qual, até a doação do arquivo de Roberto DaMatta, era desconhecido do Povo Apinajé.

Finalmente, acertamos a oferta, para o segundo semestre de 2023, de um curso sobre Língua, Cultura e Sociedade Apinajé a ser oferecido para nossos alunos de graduação e pós-graduação, concebido e ministrado de forma online por Andressa e Júlio.

Pudemos, assim, acompanhar os caminhos não antecipados que se desdobraram, a partir de uma entrevista de história oral, e que passaram pela constituição e doação de um arquivo pessoal, pelo surgimento de uma pesquisa colaborativa aplicada e de novidades para a atividade de ensino do FGV CPDOC.

Referências

BLOIS, Juan Pedro. Reconstruir la memoria de las ciencias sociales en Brasil: experiencias y desafíos en la construcción de un archivo. Entrevista a Celso Castro. *Revista Temas Sociológicos*, n. 25, p. 329-333, 2019. ISSN 0719-6458 Disponível em: http://ediciones.ucsh.cl/index.php/TSUCSH/article/view/2172/1920. Acesso em: 4 mar. 2024.

CASTRO, Celso; GRINER, Arbel. Memória das ciências sociais no Brasil: um projeto de pesquisa e documentação audiovisual. In: CASTRO, Celso; BLANK, Thais; FONSECA, Vivian (Org). *História oral e audiovisual*: experiências no CPDOC. Rio de Janeiro, FGV Editora, 2023. v.1, p. 13-43.

DAMATTA, Roberto. *Um mundo dividido*: a estrutura social dos índios Apinayé. Petrópolis: Vozes, 1976.

MALINOWSKI, Bronislaw. Baloma, the spirits of the dead in the Trobriand islands. *The Journal of the Royal Anthropological Institute of Great Britain and Ireland*, v. 46, p. 353-430, jul/dez. 1916.

NIMUENDAJÚ, Curt. *The Apinayé*. Washington, DC: The Catholic University of America Press, 1939. (Anthropological Series n. 8).

Novos olhares sobre o arquivo:[1] ressignificando os arquivos pessoais nas oficinas de produção audiovisual do CPDOC

Thais Blank
Priscila Bittencourt

O Centro de Pesquisa e Documentação de História Contemporânea do Brasil da Fundação Getulio Vargas (FGV CPDOC) detém o maior conjunto de arquivos pessoais do país. Seu acervo é composto de documentos de arquivos pessoais, além de depoimentos orais de personalidades de destacada atuação na vida pública nacional, sobretudo a partir dos anos de 1930. Em julho de 2023, são contabilizados 239 arquivos privados que compõem um volume estimado em mais de 2 milhões de documentos textuais, visuais, sonoros e audiovisuais. Dos 239 fundos, 177 (81%) se encontram disponíveis para consulta pública e gratuita por meio da base de dados Accessus, que pode ser consultada remotamente pelo do site da instituição.[2] Além dos arquivos pessoais, o CPDOC é conhecido pelo seu pioneirismo na metodologia da história oral. Criado em 1975, o Programa de História Oral do CPDOC possui hoje em seu acervo mais de 2.450 entrevistas, que somam em torno de 7 mil horas de gravação audiovisual. Todo o acervo sonoro e visual do

1 O artigo é resultado do projeto "Novos olhares sobre o arquivo: visualidade, difusão e educação nos arquivos de mulheres do CPDOC" financiado pela Fundação Carlos Chagas Filho de Amparo à Pesquisa do Estado do Rio de Janeiro (Faperj) (Jovem Cientista do Nosso Estado) e pelo Conselho Nacional de Desenvolvimento Científico e Tecnológico (CNPq) (Bolsa de Produtividade).

2 Disponível em: https://cpdoc.fgv.br/acervo/arquivospessoais/base. Acesso em: 21 fev. 2024.

programa foi digitalizado e está também disponível para consulta pública.

Em 2006, o CPDOC passou a contar também com um centro de produção audiovisual. O Núcleo de Audiovisual e Documentário foi criado como uma iniciativa ligada à Escola de Ciências Sociais do CPDOC e pensado desde a origem como um laboratório para proporcionar aos alunos da graduação a possibilidade de experimentar a linguagem audiovisual. Desde sua criação, a equipe do Núcleo oferece com regularidade disciplinas que se propõem a explorar o diálogo entre as ciências humanas e sociais e as imagens em movimento.

Desde 2014, o Núcleo de Audiovisual realiza anualmente Oficinas de Produção Audiovisual. As Oficinas (sempre abertas a alunos externos) adotam como dispositivo a realização de curtas-metragens a partir dos documentos depositados no acervo do Programa de Arquivos Pessoais e das entrevistas do Programa de História Oral. Com o objetivo de aproximar — por meio da linguagem audiovisual — as novas gerações do arquivo histórico da FGV, as oficinas proporcionam uma imersão no universo do arquivo e da realização de documentários. Nos últimos nove anos, foram mais de 20 curtas-metragens, assinados por jovens estudantes que possuíam pouco ou nenhum contato com os processos de realização fílmica e de pesquisa em arquivos.[3]

Possuindo, inicialmente, um caráter essencialmente formativo (não nos preocupávamos de início com qualidade estética ou técnica dos filmes, mas sobretudo com o processo de aprendizagem por parte dos alunos), aos poucos a oficina foi se tornando um importante espaço de produção de documentários que abordam aspectos fundamentais da história contemporânea do Brasil. Em 2015 foi realizado, no âmbito da Oficina de Produção Audiovisual, o documentário *Almerinda, a luta continua*, dirigido por Cibele

---

[3] Disponível em: https://cpdoc.fgv.br/producaoaudiovisual. Acesso em: 21 fev. 2024.

Tenório. O filme aborda a trajetória de Almerinda Farias Gama, jornalista, advogada, sindicalista e uma das primeiras mulheres negras a atuar na política brasileira. Realizado a partir do acervo pessoal de Almerinda Farias Gama, doado ao CPDOC em 1980, o curta-metragem lança um olhar importante sobre a trajetória e o papel de Almerinda recuperando fotografias, documentos textuais e a entrevista de história oral concedida pela própria Almerinda ao CPDOC. O curta já foi exibido em 12 festivais que ocorreram em diferentes partes do Brasil, foi premiado em alguns deles e está disponível em nossa página.[4]

Além de *Almerinda*, poderíamos citar aqui outros exemplos de filmes que tiveram trajetórias importantes, como *As constituintes de 88*, do estudante de cinema Gregory Baltz. Realizado a partir das imagens que integram o acervo pessoal de Ulysses Guimarães, salvaguardado no CPDOC, o filme recupera o papel das mulheres na criação da Constituição de 1988. O documentário ganhou o prêmio de melhor curta-metragem no Festival É Tudo Verdade de 2019, além de circular em diversos festivais. Há ainda muitos outros títulos que ressignificam de forma original e autoral os arquivos depositados no CPDOC, possibilitando que esses documentos circulem em diferentes circuitos e alcancem um público diversificado.

Neste capítulo propomos refletir sobre a experiência das oficinas de produção audiovisual recuperando, também, experiências que as antecederam e que nos servem de inspiração. Nosso objetivo é enquadrar a Oficina do CPDOC em um contexto mais largo de iniciativas que se desenvolvem nas fronteiras entre o cinema e a educação. Ao longo do texto iremos apresentar os desafios, as inovações e as aprendizagens adquiridas ao longo desse processo, destacando as potencialidades do trabalho com arquivo.

---

4 Disponível em: http://cpdoc.fgv.br/producaoaudiovisual2015/exibicao. Acesso em: 21 fev. 2024.

Figura 1
Imagem do filme *Almerinda, a luta continua*

Fonte: FGV CPDOC.

Figura 2
Cartaz do filme *Almerinda, a luta continua*

Fonte: FGV CPDOC.

Antecedentes

Antes de abordarmos a experiência das Oficinas de Produção Audiovisual do CPDOC, cabe fazer um recuo para entendermos as origens da relação entre o cinema, a escola e a educação no Brasil. O cinema e a educação têm sido campos interligados ao longo da história, desempenhando um papel crucial no desenvolvimento cultural, social e político do país. As oficinas que realizamos hoje são fruto de uma história que remonta à primeira metade do século passado.

Em 1936, com a aprovação de Getúlio Vargas e o apoio do ministro da Educação e Saúde, Gustavo Capanema (1900-85), surgiu o Instituto Nacional do Cinema Educativo (Ince). Seu primeiro diretor e principal inspirador foi o renomado cientista, antropólogo e professor Roquette-Pinto (1884-1954). O objetivo do Ince era promover e orientar o uso do cinema como uma ferramenta auxiliar do ensino, buscando torná-lo um instrumento voltado para a educação popular. Durante sua existência entre 1936 e 1966, o Ince produziu mais de 400 filmes, entre curtas e médias-metragens. Grande parte dessa produção era voltada para apoiar as disciplinas das instituições de ensino, divulgar aplicações da ciência e tecnologia, promover pesquisas científicas nacionais e destacar o trabalho de instituições do país.

O Ince foi criado como parte de um projeto estratégico do governo de Getúlio Vargas, que valorizava os meios de difusão cultural como parte da construção de uma identidade nacional relacionada com a ciência e o desenvolvimento industrial do Brasil. O instituto foi o primeiro órgão estatal brasileiro dedicado ao cinema e se tornou um dos pilares de um projeto mais amplo para organizar a produção cinematográfica nacional, bem como o mercado de exibição e importação. Os filmes eram exibidos nos locais mais remotos do Brasil e eram entendidos como um caminho para o saber, sobretudo para a população analfabeta, como mostra a fala de Vargas à Associação de Produtores Cinematográficos.

> O cinema será, assim, o livro das imagens luminosas, no qual as nossas populações praieiras e rurais aprenderão a amar o Brasil, acrescentando a confiança nos destinos da Pátria. Para a massa de analfabetos, será essa a disciplina pedagógica mais perfeita, mais fácil e impressiva. Para os letrados, para os responsáveis pelo êxito da nossa administração, será uma admirável escola [citado por Schvarzman, 2004:135].

A fala de Vargas retrata também a crença no poder do cinema como elemento de coesão e construção de uma identidade nacional. À frente do Ince esteve o cineasta Humberto Mauro, um dos artistas mais consagrados da história do cinema brasileiro. Humberto Mauro dirigiu cerca de 350 filmes, entre curtas e médias-metragens, tornando-se uma figura central na produção cinematográfica educativa do Brasil. Sua obra no Ince se destacava por suas características marcantes, incluindo uma abordagem poética da realidade brasileira, uma apreciação pela vida rural e uma sensibilidade única para capturar a cultura e costumes do país. Os filmes de Humberto Mauro no Ince contribuíram para a divulgação do patrimônio cultural brasileiro e para a valorização da identidade nacional, além de trazerem inovações técnicas e narrativas para o cinema brasileiro da época.

Cabe notar que durante o período em que o Ince e outras iniciativas semelhantes estavam em vigor, o cinema era predominantemente utilizado como um instrumento de transmissão do saber, ao invés de ser explorado como uma ferramenta de produção colaborativa de conhecimento junto às comunidades. Nesse sentido, os filmes eram vistos como meros dispositivos de comunicação, assumindo o papel do professor ou da palestra, reforçando a tradicional relação de autoridade entre mestre e alunos. O filme era apresentado como o detentor da verdade, ocupando um lugar central como meio privilegiado de disseminação de informações formais. Essa perspectiva tendia a limitar a participação e a voz das comunidades, relegando-as a um papel passivo na absorção do conhecimento transmitido pelos filmes.

É apenas a partir dos anos 1980 que passamos a testemunhar o uso do cinema como ferramenta dialógica de construção do conhecimento. Essa virada se deve a dois fatores principais: o primeiro reside no campo da educação, e das transformações operadas por Paulo Freire ainda na década de 1960; o segundo é fruto das transformações ocorridas dentro do próprio campo do cinema, e que são de ordem técnica e estética.

Na obra de Paulo Freire, o ato de ensinar é compreendido como um gesto político de emancipação, no qual professor e aluno aprendem juntos a ler e a questionar o mundo. Freire defende que o ensino deve ter como premissa primordial o respeito absoluto aos saberes dos educandos. Para Freire, a educação deve "estabelecer uma necessária "intimidade" entre os saberes circulares fundamentais aos alunos e a experiência social que eles têm como indivíduos" (Freire, 2002:12). Foi a partir dessa proposição que Freire desenvolveu nos anos 1960 um método de alfabetização de adultos que utiliza como base o próprio universo vocabular dos analfabetos trabalhando com "palavras geradoras" que, retiradas do cotidiano, permitem a decodificação fonética e a ampliação gradual do vocabulário. Esse sistema ficou conhecido como "método Paulo Freire". Entre suas realizações está a famosa experiência ocorrida na cidade de Angicos, no Rio Grande do Norte, quando um grupo de professores treinados por Freire foi capaz de alfabetizar 300 cortadores de cana-de-açúcar em apenas 45 dias.

A relação entre o cinema e essa abordagem pedagógica de Paulo Freire também não é recente. O cineasta Leon Hirszman se inspirou no discurso e no espírito de Paulo Freire ao realizar o curta--metragem *Maioria absoluta* (1964) no Nordeste brasileiro. O filme, rodado em 1963 e editado em 1964, foi censurado pela Ditadura Militar e só foi exibido no Brasil nos anos 1980. Em entrevista em 1982, posteriormente utilizada no documentário *Leon, deixa que eu falo* (2007), dirigido por Eduardo Escorel, Leon Hirszman contou que *Maioria absoluta* inicialmente pretendia retratar o analfabetismo no Brasil e a eficácia do método de Paulo Freire. No entanto, ao se deparar com a realidade no Nordeste, o filme passou a abordar as condições de vida e a situação dos analfabetos.

O documentário de Leon Hirszman contrasta depoimentos da população pobre e analfabeta colhidos durante a viagem ao Nordeste com discursos de personagens da classe média urbana que estigmatizavam essa mesma população. As entrevistas são intercaladas com uma narração em *off* que fornece dados objetivos sobre o analfabetismo e a fome no Brasil, questionando suas causas. Apesar de começar com a imagem de uma sala de aula em um curso de alfabetização, o documentário não aborda o "método Paulo Freire" ou suas bases, preferindo focar nos relatos de privação e sofrimento que são apresentados como desabafos ou pedidos de ajuda. Como Hirszman disse:

> Em *Maioria absoluta*, era permitir que a realidade se manifestasse, criar um cinema direto para dar voz aos outros, e esses outros eram analfabetos, pessoas que normalmente são rotuladas como incapazes de falar, escrever ou se expressar. No decorrer do processo, fui descobrindo a poesia presente nas palavras dos pobres e dos analfabetos [Deixa que eu falo, 2007, filme de Eduardo Escorel].

A declaração do diretor revela que *Maioria absoluta* busca dar voz aos excluídos e valorizar a poesia de um discurso que não tinha espaço ou atenção. No entanto, o documentário acaba se afastando das intenções do diretor, apresentando uma imagem estereotipada da miséria em que homens e mulheres vivem em constante submissão.

Assim como em muitos outros documentários da época, o filme usa seus personagens para traçar uma tese sociológica defendida pelo diretor, expressa principalmente na narração em *off*, que detém o conhecimento científico e um discurso racionalizado.

Nos últimos 20 anos, projetos que unem cinema e educação têm procurado superar os dilemas encontrados em obras como a de Hirszman, procurando dar ao outro o próprio poder cinematográfico. Mais do que dar voz, agora a intenção é permitir que a comunidade seja a própria realizadora. Nos anos 1960, as inovações técnicas permitiram a gravação de som direto e, assim, a captura de depoimentos em primeira pessoa. No entanto, o modelo cinematográfico da época continuou priorizando a construção de grandes narrativas explicativas do mundo, produzidas do ponto de vista da elite intelectual do país, como descrito pelo teórico Jean-Claude Bernardet (1985) em seu livro *Cineastas e imagens do povo*. Os projetos atuais utilizam-se das novas tecnologias (primordialmente o VHS e depois a gravação digital) para inverter essa lógica, permitindo que os personagens presentes nos documentários das décadas de 1960 se tornem agora realizadores independentes.

Ao traçar uma genealogia desse processo, podemos afirmar que o projeto "Vídeo nas aldeias", coordenado pelo professor Vincent Carelli desde o final dos anos 1980, está na origem de todas essas experiências. A ideia inicial do projeto era dar aos diferentes povos indígenas os conhecimentos necessários para que realizassem seus próprios filmes. O objetivo era tornar o uso do vídeo mais acessível a um número cada vez maior de comunidades indígenas, promovendo a apropriação e o controle de sua própria imagem de acordo com seus projetos políticos e culturais.

É importante ressaltar que o projeto "Vídeo nas aldeias"[5] e as experiências mais recentes desenvolvidas com alunos de escolas

[5] Disponível em: www.videonasaldeias.org.br/2009/. Acesso em: 21 fev. 2024.

públicas, como o "Inventar com a diferença",[6] e demais projetos da RedeKino,[7] não se limitam apenas a transmitir aos participantes o conhecimento técnico necessário para a realização de filmes. Respeitando a autonomia dos alunos e buscando construir uma relação baseada na igualdade e na valorização de suas perspectivas e saberes, essas experiências promovem o que Adriana Fresquet, professora e cofundadora da RedeKino, chama de educação "sensível" do olhar.

As oficinas de produção audiovisual oferecidas pelo CPDOC têm como objetivo se conectar com essas iniciativas descritas. Mais do que dar aos documentos do acervo da instituição um destino diferente do uso habitual, as oficinas apostam na ideia de que o arquivo do CPDOC pode ser ressignificado a partir do encontro com as novas gerações. Para alcançar esse objetivo, temos como princípio a noção de que a equipe de coordenação do projeto deve estabelecer uma relação baseada na confiança e na autonomia com os jovens participantes. Mesmo estando presentes durante o processo de concepção e realização dos documentários, desafiamos a nós mesmos a não interferir em seus processos criativos e a oferecer um ambiente de liberdade que permita múltiplas e surpreendentes reinterpretações do arquivo.

A oficina do CPDOC

Como colocado anteriormente, as Oficinas de Produção Audiovisual oferecidas pelo CPDOC têm como objetivo proporcionar aos participantes uma experiência prática e imersiva no processo de criação de filmes documentais, tendo como dispositivo central a utilização do

6 Disponível em: https://cinemanaescolanica.wordpress.com/inventar-com-a-diferenca/. Acesso em: 21 fev. 2024.

7 Disponível em: www.redekino.com.br/. Acesso em: 21 fev. 2024.

acervo da instituição. A estrutura das oficinas é composta por três etapas principais: pré-oficina, oficina presencial (quando acontecem as aulas expositivas e a realização do filme) e pós-oficina. Cada etapa desempenha um papel fundamental no desenvolvimento dos participantes e na realização dos projetos audiovisuais.

1. Pré-oficina:
   - Inscrição: Os interessados devem se inscrever previamente para participar das oficinas. As inscrições são feitas por meio do preenchimento de um formulário online, que geralmente inclui informações pessoais e uma breve justificativa do interesse em participar.
   - Seleção: Após o período de inscrição, é feita uma seleção dos candidatos com base em critérios estabelecidos pela equipe responsável pelas oficinas. Essa seleção leva em consideração diversos aspectos, como motivação, disponibilidade e diversidade de perfis dos participantes.
   - Comunicação: Os selecionados são informados sobre sua participação nas oficinas por meio de comunicação direta e/ou divulgada nos canais de comunicação do CPDOC. Detalhes sobre cronograma, local e materiais necessários para a oficina costumam ser fornecidos nesta etapa.
   - Definição de uma temática geral: Cada oficina trabalha com uma temática geral que deve orientar a realização dos filmes. Alguns exemplos de temas já trabalhados: "Rio de Janeiro, palco da história", "Golpes e revoluções", "Cinema, estética e política" e "As mulheres na história", entre outros.

2. Oficina presencial
   a. Aulas expositivas
   - Introdução e contextualização: A oficina tem início com uma introdução geral sobre o processo de produção audiovisual e

uma contextualização específica dos temas que serão abordados ao longo do curso.

- Aulas teóricas: São ministradas aulas teóricas que abrangem aspectos técnicos e conceituais da produção audiovisual, como roteiro, direção, cinematografia, som e edição, entre outros. Essas aulas fornecem aos participantes os fundamentos necessários para a elaboração de seus projetos.

b. Exercícios práticos

- Durante a oficina, são propostos exercícios práticos a partir dos filmes realizados em versões anteriores. Esses exercícios visam apresentar a partir de uma experiência prática as diferentes etapas de realização do documentário, da pesquisa e seleção do material no arquivo do CPDOC, passando pela construção do roteiro, montagem, até a versão final do filme.
- Apresentação do arquivo do CPDOC: Além das aulas sobre linguagem audiovisual, durante a semana presencial os alunos encontram a oportunidade de realizar uma imersão nos arquivos do CPDOC. Cabe destacar que a maior parte dos participantes chega à oficina sem qualquer conhecimento prévio do acervo. Nas aulas, apresentamos os temas gerais e principais personalidades representadas no arquivo e a melhor forma de utilizar os mecanismos de busca.
- Desenvolvimento de projetos: Os participantes têm a oportunidade de desenvolver seus próprios projetos audiovisuais, com o apoio e orientação dos instrutores. Eles são incentivados a explorar diferentes temas, formatos e abordagens dentro do contexto do documentário, estimulando a criatividade e a expressão pessoal. No último dia de aula, cada participante é convidado a apresentar o seu projeto.

3. Realização dos documentários:
    - Elaboração dos roteiros: Ao final da semana de imersão da primeira etapa da oficina, cada grupo ou participante passa a se dedicar à elaboração de um roteiro de documentário. O roteiro precisa se conectar com a temática geral trabalhada na oficina daquele ano e utilizar como recurso central os arquivos audiovisuais e textuais do CPDOC. A equipe fornece um modelo de roteiro que deve ser utilizado e um prazo de até quatro semanas para o envio das propostas.
    - Seleção dos roteiros: São selecionados por edição entre três e quatro roteiros para serem realizados. A seleção é feita por uma banca composta por membros externos que não partici pam da realização da oficina. Os critérios a serem considerados pela banca são: viabilidade de realização do filme, adesão ao tema da oficina e uso criativo dos arquivos do CPDOC.
    - Edição dos filmes selecionados: Após a seleção dos roteiros, é iniciada a realização dos filmes. Os documentários são editados pelos técnicos do Núcleo de Audiovisual e Documentário em parceria com os participantes da oficina. O processo de edição varia de dois a quatro meses de duração, dependendo do grau de complexidade e dos desafios colocados pelo filme.

4. Pós-oficina:
    - Estreia dos documentários: Após a finalização da oficina, é realizada uma sessão especial de exibição dos filmes. Todos os participantes assistem juntos as obras produzidas no decorrer da oficina.
    - Divulgação e disseminação: O resultado final dos projetos desenvolvidos nas oficinas é divulgado e disseminado em diferentes contextos, como festivais de cinema, mostras temáticas, plataformas digitais, sessões em escolas públicas e eventos promovidos pelo CPDOC.

- Continuidade: O CPDOC busca construir uma relação contínua com os participantes e manter os filmes em permanente circulação. Além das ações já mencionadas, os filmes são incorporados nas disciplinas oferecidas pelo próprio CPDOC em seus cursos de graduação e pós-graduação.

Em síntese, as oficinas de produção audiovisual do CPDOC proporcionam uma experiência completa, que envolve desde o aprendizado teórico até a concretização dos projetos audiovisuais. Com uma estrutura bem definida e uma abordagem prática, essas oficinas buscam incentivar a criatividade, a expressão pessoal e o desenvolvimento de habilidades audiovisuais entre os participantes. Como resultado final, esperamos criar um espaço de discussão e reflexão sobre as relações entre a linguagem audiovisual, história e memória, e viabilizar a realização de documentários a partir do acervo do CPDOC.

Novos olhares

Os filmes realizados na oficina do CPDOC integram um campo de produção que possui sua própria história dentro do desenvolvimento da linguagem cinematográfica: o território do *documentário de arquivo*. As imagens de arquivo são constantemente remetidas para a qualidade de prova; apresentam-se como sinônimo de documento sobre um acontecimento passado. No documentário e nas artes visuais encontramos a possibilidade de utilizar essas imagens de modo crítico. Encontramos, também, a possibilidade de produzir uma reorganização do material operando infinitas montagens e remontagens, escavando novos sentidos e propondo novas abordagens estéticas. As imagens não detêm em si uma significação definida e estável. Elas são modulares, se constroem em determinados contextos sonoros e visuais. É graças a essa indeterminação da significação que os filmes de arquivo se tornam possíveis.

Foi durante a Primeira Guerra Mundial (1914-18) que a prática de reciclagem de imagens cinematográficas começou a ser adotada de forma sistemática. Os cinejornais surgiram nesse período com o propósito de recriar visualmente as imagens produzidas nas frentes de batalha. À medida que o conflito se estendia, os cinegrafistas que trabalhavam nas unidades cinematográficas militares passaram a combinar planos filmados em diferentes circunstâncias, buscando criar uma narrativa coesa e ilustrar os movimentos da guerra. Dessa forma, planos capturados em distintas batalhas eram editados de maneira a parecerem parte de uma mesma situação.

Nos anos 1920, na então União Soviética, a prática da reciclagem de imagens ganhou maior complexidade a partir do trabalho desenvolvido pela cineasta Esther Choub. Em 1927, em ocasião da comemoração do 10º aniversário da Revolução de Outubro, Choub realizou o filme *La chute des Romanov*, que consistia em uma composição de dezenas de cinejornais e imagens domésticas produzidas na corte de Nicolau II. Nessa obra, Choub transcende a simples justaposição de planos, característica dos filmes de reciclagem da Primeira Guerra, passando a refletir e interpretar o passado filmado por meio da montagem cinematográfica. Não se tratava mais apenas de compilar imagens, mas de estabelecer articulações, associações e contraposições com o objetivo de revelar uma nova compreensão da realidade.

Ao longo do século XX o cinema de arquivo vai evoluir, utilizando diferentes fontes. Filmes feitos com imagens amadoras e familiares do passado, documentários históricos que recuperam filmagens em vias de deterioração, filmes de propaganda política, são apenas alguns exemplos de como essa linguagem vai se desenvolver explorando caminhos variados.

Mas é nas últimas quatro décadas que o debate sobre o tema da reciclagem das imagens ganha novos contornos: gestos de apropriação, deslocamento e recontextualização de imagens de arquivo atravessam o campo da arte contemporânea, do cinema e da televisão, vivemos o que alguns autores vão denominar de a "febre do arquivo". Como afirma o historiador e teórico das imagens Maurício Lissovsky:

> A manifestação mais evidente de que o futuro é alma dos arquivos é que os documentos estão sempre rearranjando-se, independentemente do trabalho dos arquivistas e de seu esforço para consolidá-los nos modos úteis da recuperação de informações (organização, catalogação, indexação, etc.). Os arquivos, de fato, são como um brinquedo que uma criança tem em seu quarto, sobre as prateleiras ou dentro do armário. Durante a noite — e disso dão testemunho os sonhos, as lendas natalinas e muitas histórias infantis — eles se animam, cultivam desavenças e afinidades, emergem subitamente e desaparecem sem deixar vestígios [Lissovsky, 2009:121-143].

A citação de Lissovsky nos instiga a refletir sobre as possibilidades de reinvenção do arquivo. Ao conceber o arquivo como um espaço vivo e quase mágico, abrimos novas perspectivas para a leitura e articulação dos documentos do passado. Essa abordagem tem sido explorada pela arte contemporânea, que estabelece uma relação íntima com o universo dos arquivos. Inicialmente, o arquivo era compreendido como um espaço de sistematização para o estudo das artes. No entanto, ao longo da segunda metade do século XX, o arquivo ganhou um estatuto próprio como forma de expressão artística. Na esfera da arte contemporânea, o arquivo assume simultaneamente o papel de material para a criação da obra, de elemento poético e de gesto artístico.

A arte contemporânea propõe diferentes modos de apropriação, interpretação e reconfiguração dos materiais e da própria estrutura do arquivo. Tendo o arquivo como ponto de partida ou linha de chegada, encontramos artistas que o utilizam para elaborar memórias traumáticas, produzir novos olhares sobre narrativas históricas já estabelecidas, dar visibilidade a memórias soterradas ou apagadas, escavar novos sentidos em arquivos já existentes ou constituir arquivos atravessados pelo gesto artístico.

Um dos exemplos mais notórios é o artista Christian Boltanski (1944-2021). Renomado artista contemporâneo francês, Boltanski é conhecido por explorar temas como memória, identidade, mortalidade e Holocausto. Ele nasceu em Paris em 1944, pouco antes da ocupação nazista durante a Segunda Guerra Mundial, experiência que teve uma influência significativa em seu trabalho posterior. Boltanski iniciou sua carreira artística na década de 1960 e ganhou destaque nos anos 1970. Sua obra abrange uma grande variedade de mídias, incluindo instalações, esculturas, fotografias e vídeos. Suas criações envolvem a utilização de fotografias encontradas, objetos pessoais, roupas e registros arquivísticos, combinados de forma a explorar questões relacionadas com a memória coletiva e individual.

Um dos temas recorrentes em seu trabalho é a representação da mortalidade humana. Em muitas de suas instalações, Boltanski cria ambientes imersivos compostos por luzes, sons e objetos encontrados, evocando a presença ausente de pessoas e refletindo sobre a transitoriedade da vida. Boltanski também abordou o Holocausto em várias de suas obras, explorando a memória, o trauma e a perda relacionados com esse evento histórico. Ele criou instalações que apresentam pilhas de roupas usadas, fotografias de crianças e nomes gravados, dando voz às vítimas e questionando o esquecimento.

Sua arte foi exibida em importantes exposições e museus ao redor do mundo, recebendo vários prêmios por sua contribuição para as artes visuais. Christian Boltanski faleceu em 2021, deixando um legado duradouro como um dos artistas contemporâneos mais influentes no campo da arte conceitual e da representação da memória a partir da reconfiguração do passado e do arquivo.

No Brasil, vale destacar o trabalho de duas grandes referências, as artistas Rosângela Rennó e Rosana Paulino. Rosângela Rennó concluiu sua graduação em arquitetura pela Universidade Federal de Minas Gerais (UFMG) em 1986 e, no ano seguinte, formou-se em artes plásticas pela Escola Guignard. No final da década de 1980, a artista começou a criar suas primeiras obras, que se baseavam em fotografias de álbuns de família. Rennó utiliza fotografias, objetos, vídeos e instalações para explorar questões relacionadas com a natureza da imagem. Seu trabalho inclui projetos com base em fotografias 3×4 tiradas em estúdios populares e com fotografias obtidas de arquivos públicos e privados.

Já o trabalho da artista Rosa Paulino (nascida em 1967) é centralizado em questões sociais, étnicas e de gênero, com um foco especial nas mulheres negras na sociedade brasileira e nas múltiplas formas de violência enfrentadas por essa população, devido ao racismo e ao legado duradouro da escravidão. Por meio de sua arte, Paulino explora o impacto da memória nas construções psicossociais, incorporando diversas referências que entrelaçam sua história pessoal com a história do Brasil, abrangendo o passado construído e as permanências até os dias de hoje. Paulino, assim como Rennó, trabalha com fotografias do passado, geralmente encontradas em feiras de antiguidades ou em arquivos privados e públicos. A artista ressignifica as imagens interferindo estética e materialmente sobre elas.

As obras de Boltanski, Rennó e Paulino servem como referência para o trabalho de reelaboração e ressignificação do arquivo, uma prática que está sendo implementada pelo CPDOC. Essas obras são fonte de inspiração para as Oficinas de Produção Audiovisual, nas quais são compartilhadas e analisadas em conjunto com os participantes. Observamos que, em geral, os alunos que ingressam nessas oficinas possuem uma visão bastante limitada do campo do documentário.

A maioria dos alunos chega à oficina com o objetivo de realizar um documentário histórico clássico, caracterizado pelo predomínio da voz em *off* informativa e o uso ilustrativo de imagens de arquivo. No entanto, ao longo da semana de imersão, os alunos são expostos a outras linguagens cinematográficas que estão fora de seu consumo habitual. Isso os leva a questionar o modelo tradicional e, ao longo da oficina, começam a apresentar propostas que buscam uma abordagem mais livre e experimental da linguagem documental. Esse processo de transformação ocorre à medida que são apresentados a produções contestadoras e criativas, como as mencionadas nesta seção.

A produção de documentários a partir do arquivo tem desempenhado um papel crucial na ampliação da circulação e no processo de ressignificação dos documentos históricos que compõem o acervo do CPDOC. No entanto, é importante ressaltar que o envolvimento dos jovens estudantes nesse processo de produção de filmes desempenha um papel significativo.

A parceria entre os integrantes da oficina e o CPDOC resulta não apenas em filmes que exploram o arquivo de forma inovadora, mas também em novas compreensões e questionamentos acerca do próprio arquivo. Esses filmes se estabelecem como fontes audiovisuais que promovem a reelaboração das memórias e do espaço do arquivo, na perspectiva única dos alunos.

Ao lançarem novos olhares sobre os documentos históricos depositados no CPDOC, os filmes produzidos durante as oficinas oferecem uma valiosa contribuição para a compreensão do passado. No entanto, eles também refletem as urgências do presente e os anseios em relação ao futuro. Ao abordarem temas contemporâneos, os filmes produzidos pelos jovens estudantes revelam-se como expressões artísticas que vão além da mera documentação histórica, engajando-se nas narrativas atuais e proporcionando reflexões sobre a sociedade em que vivemos.

Nos filmes mencionados neste artigo, *Almerinda, a luta continua* e *As constituintes de 88*, pode-se observar um esforço de aproximação com personagens presentes nos arquivos do CPDOC. Em *Almerinda, a luta continua*, Cibele Tenório propõe uma conexão com essa figura histórica que, situada entre diversas personalidades políticas, instiga as seguintes questões: por que ela é a única mulher entre tantos homens? Quem é ela? Ao buscar responder a essas perguntas, a diretora revela algumas subjetividades de Almerinda que a destacam como uma persona política, por meio da busca por essa mulher até então desconhecida. Da mesma forma, em *As constituintes de 88*, Gregory Baltz também adota uma abordagem de aproximação com personagens de um evento relevante para a história do Brasil, mas que, no entanto, não receberam protagonismo nas narrativas posteriores. Esses curtas-metragens são exemplos de uma poderosa estética e de sua compreensão como uma ética, que envolve o gesto de olhar para os arquivos e, a partir do encontro entre sujeitos, gerar outras narrativas mais enriquecedoras.

Assim, a participação dos jovens na realização desses filmes não apenas enriquece o processo de produção audiovisual, mas também traz uma perspectiva fresca e relevante para a compreensão dos documentos históricos conservados pelo CPDOC. Ao permitir que os jovens expressem suas visões e experiências por meio desses filmes, o CPDOC está promovendo a renovação do diálogo entre passado, presente e futuro, proporcionando uma abordagem mais dinâmica e diversificada no estudo e na interpretação da história.

Referências

BERGALA, Alain. *A hipótese-cinema*: pequeno tratado de transmissão dentro e fora da escola. Rio de Janeiro: Universidade Federal do Rio de Janeiro, 2008.

FREIRE, Paulo. *A pedagogia da autonomia*: saberes necessários à prática educativa. São Paulo: Paz e Terra, 2002.

FRESQUET, Adriana. *Cinema e educação*: reflexões e experiências com professores e estudantes de educação básica, dentro e "fora" da escola. Belo Horizonte: Autêntica, 2013.

LISSOVSKY, Mauricio. Viagem ao país das imagens. A instabilidade das fotografias e suas propriedades combinatórias. In: FURTADO, Beatriz (Org.). *Imagem contemporânea*: cinema, tv, documentário, fotografia, videoarte, games... São Paulo: Hedra, 2009. v. I, p. 121-143.

SCHVARZMAN, Sheila. *Humberto Mauro e as imagens do Brasil*. São Paulo: Editora Unesp, 2004.

Filmografia

Almerinda, a luta continua, de Cibele Tenório (2015).
As constituintes de 88, de Gregory Baltz (2018).
Deixa que eu falo, de Eduardo Escorel (2007).

Reconfigurando práticas: novas abordagens na organização de arquivos pessoais no CPDOC

Carolina Gonçalves Alves
Daniele Amado

Introdução

O CPDOC, criado em 1973, desempenhou um papel pioneiro no tratamento de arquivos privados de natureza pessoal no Brasil. No início dos anos 1970, eram escassas as instituições que se dedicavam a essa área, e as abordagens arquivísticas no país tinham pouca legitimidade. Nesse contexto, o CPDOC liderou discussões com o propósito de desenvolver e sistematizar uma metodologia para o tratamento da documentação arquivística, ao mesmo tempo que trabalhava para tornar seu acervo mais acessível e disponível para pesquisa (Braga, 2002).

Ao Programa de Arquivos Pessoais (PAP) cabia a realização das tarefas de captação, organização, preservação e difusão do acervo. Dessa forma, a experiência adquirida na organização dos dois primeiros conjuntos documentais, pertencentes a Getúlio Vargas e Oswaldo Aranha e agora sob a guarda do Centro, desempenhou um papel fundamental na sistematização de normas que serviram de base para a criação, em 1980, de uma metodologia de trabalho inovadora, intitulada *Procedimentos técnicos adotados pelo CPDOC na organização de arquivos privados contemporâneos*. Posteriormente, foram elaboradas mais três publicações que incorporaram atualizações nas orientações e nos métodos de trabalho. Em 1986, seis anos após a primeira edição, surgiu a segunda versão com o título *Procedimentos técnicos em arquivos privados*. A terceira edição, publicada em 1994, foi denominada *Procedimentos técnicos adotados para a organização de arquivos privados*. A quarta e última versão da metodologia foi apresentada ao público em 1998, sob o título *Metodologia de organização de arquivos pessoais: a experiência do CPDOC* (Gonçalves, 2007).

Em 2007, foi elaborado um estudo sobre a metodologia de organização e descrição de arquivos pessoais do CPDOC. O trabalho, intitulado *De procedimentos a metodologia: políticas de arranjo e descrição nos arquivos privados pessoais do CPDOC*, de Martina Spohr Gonçalves, investigava a evolução de uma metodologia específica destinada ao tratamento de arquivos pessoais. O estudo enfatizava a forma como essa abordagem se desenvolveu e se adaptou às necessidades da instituição e ao contexto arquivístico brasileiro. A pesquisa também explorava como essa metodologia estava em consonância com as normas internacionais de descrição arquivística e como contribuiu para aprimorar a organização e descrição desses tipos de arquivos no país.

Na rotina de lidar com os arquivos, o CPDOC sempre esteve comprometido em atualizar sua metodologia de trabalho em resposta às necessidades de organização e acesso aos documentos.

O mundo digital e o impacto da pandemia nos arquivos

Data dos anos 1990 um aumento significativo no uso e na disseminação dos computadores e da internet. As rápidas mudanças tecnológicas são uma condição básica da vida moderna. Em publicação de 1994 para a revista *Acervo*, Charles Dollar analisa o impacto das tecnologias de informação nas práticas arquivísticas. Dollar chama atenção para três imperativos tecnológicos: a natureza mutável da documentação, as mudanças da natureza do trabalho e as mudanças de tecnologia. As tecnologias da informação têm redefinido a relevância do documento em papel, dado que a produção de documentos análogos está cada vez mais reduzida. Com o avanço da era digital, muitas informações e documentos são criados, compartilhados e armazenados em formato digital. Isso resulta em uma mudança significativa na centralidade do documento físico em papel como meio predominante de registro e comunicação. Essas transformações também impactam no trabalho, tornando-o mais rápido.

> Numa sociedade e cultura impulsionadas pelas tecnologias de informação, a mudança tecnológica e suas exigências não podem ser facilmente ignoradas. Na verdade, o preço de deixar de seguir o ritmo da mudança é a obsolescência tecnológica. Manter-se a par da inovação da tecnologia de informação assegurará às organizações e aos indivíduos permanecer no curso tecnológico dominante do uso da informação [Dollar, 1994:7].

À medida que as buscas por informações ganharam velocidade e automatização, a tecnologia se tornou uma ferramenta indispensável para qualquer instituição em busca de eficiência e diferenciação nos serviços prestados. Essa perspectiva impulsionou o desenvolvimento de bases de dados para instituições que preservam acervos. Nesse contexto, em 2000, o CPDOC lançou a primeira edição de sua base de dados, chamada Accessus. Essa plataforma de pesquisa foi concebida como uma interface amigável e funcional para os usuários.

Diante de uma transformação crucial que implicava a transição de métodos tradicionais de organização para formatos padronizados de recuperação de informações em um sistema automatizado, o CPDOC optou por desenvolver sua própria ferramenta de busca para o conteúdo catalogado em seu acervo. O conteúdo descritivo do acervo, anteriormente limitado aos inventários disponíveis apenas nas instalações da instituição, agora ganhava o ambiente online. O Accessus mudou fundamentalmente as possibilidades de consulta, permitindo a exploração de todo o acervo a partir de temáticas de interesse.

Os sistemas de busca informatizados transformaram a forma como as pessoas consultam os acervos, tornando as informações sobre os documentos acessíveis a um público mais amplo e diversificado. No entanto, é importante destacar que a realidade brasileira ainda está aquém do desejado nesse aspecto. Dados provenientes da pesquisa conduzida pelo Núcleo de Informação e Coordenação do Ponto BR de 2019 revelam que a maioria das instituições nacionais não utiliza sistemas para o gerenciamento de seus acervos. Apenas 21% dos arquivos brasileiros utilizam algum software para catalogação, enquanto esse número é de 18% para as bibliotecas e apenas 13% para os museus (Martins, Lemos e Andrade, 2021:570). Portanto, é importante considerar que a digitalização de documentos e a produção de documentos nascidos digitais demandam uma adaptação das instituições às novas tecnologias. Por meio de softwares de gestão de objetos digitais, torna-se possível realizar a gestão eficiente de coleções digitais, facilitando o acesso e a recuperação de informações. Além disso, esses softwares viabilizam a disseminação de documentos digitais, permitindo que sejam compartilhados de forma ágil e ampla.

Os sistemas de gestão de documentos desempenham um papel fundamental na organização e preservação da informação sobre os acervos. Eles permitem o registro, a descrição e a indexação dos documentos, possibilitando uma busca eficiente e rápida de informações específicas. Dessa forma, facilitam o acesso dos usuários aos documentos, tornando a pesquisa e a consulta mais acessíveis e produtivas.

A pandemia de Covid-19 impactou as operações das instituições arquivísticas, impulsionando uma urgente necessidade de disponibilizar conteúdo online. Essa crescente demanda por acesso motivou o CPDOC a adotar abordagens inovadoras na gestão de seus arquivos. Nesse contexto desafiador, o CPDOC, que já possuía experiência prévia com a digitalização e a disponibilização de documentos de seu acervo online, conseguiu manter suas operações de pesquisa e consulta sem grandes interrupções. Para seguir disponibilizando documentos online, a equipe empreendeu esforços para encontrar novas abordagens no tratamento dos arquivos à distância. Essa experiência culminou na adoção de uma nova metodologia de trabalho.

Durante a pandemia, o CPDOC focou na organização de fotografias digitalizadas do arquivo pessoal do embaixador Antônio Azeredo da Silveira. Por meio do projeto, que contou com a participação de uma equipe de analistas e estagiários trabalhando remotamente, o CPDOC enfrentou o desafio de identificar pessoas, datas e locais nas imagens, sem acesso às informações presentes no verso das fotos.

Para superar essa limitação, a equipe realizou uma pesquisa aprofundada em seus próprios arquivos, explorando especialmente os arquivos de contemporâneos de Antônio Azeredo da Silveira. Essa iniciativa foi pioneira e permitiu uma abordagem remota da organização de documentos, simplificando os processos de tratamento e liberando imagens para consulta pública de forma mais rápida, à medida em que eram organizadas. A principal ação empreendida para simplificar a organização e garantir o acesso foi a implementação de resumos sumários para as fotos, contendo as informações disponíveis remotamente. Em algumas situações, não foi possível identificar com precisão os eventos ou as pessoas retratadas.

Com o intuito de proporcionar aos pesquisadores uma compreensão mais ampla do contexto de organização das fotos, optamos por inserir o seguinte registro na ficha de cada imagem: "A organização do arquivo Azeredo da Silveira foi efetuada durante o período da pandemia, o que impôs restrições ao acesso às informações contidas

Figura 1
Exemplo de registro no verso da foto que não esteve acessível durante a organização remota

Fonte: Elaborada pelas autoras (2023).

nos documentos físicos. Todo o processo foi conduzido com base no acesso às fotografias digitalizadas".

Para a execução da organização das fotos online, também foram considerados alguns aspectos que possibilitaram um acesso remoto seguro à base de dados por meio de uma VPN, ou seja, uma rede privada virtual, para toda a equipe do projeto. Além disso, foram implementados diferentes níveis de acesso aos arquivos digitais, garantindo assim que esses arquivos não pudessem ser alterados ou excluídos. Dado que se tratava de uma experiência nova para a equipe, foi criado um grupo de trabalho online, com reuniões periódicas para compartilhamento de dúvidas e dificuldades, além de debates para ajustes da metodologia. Como resultado do projeto, aproximadamente 3 mil fotografias foram disponibilizadas online para consulta no portal do CPDOC. O projeto de iniciação científica "Organização de fotografias digitais do Acervo CPDOC: novas abordagens metodológicas" (2020/21) teve como objetivo a organização de documentos fotográficos digitais provenientes do arquivo pessoal de Azeredo da Silveira. Além de ter organizado e disponibilizado esses documentos para consulta pública online, o projeto buscou promover reflexões teórico-metodológicas acerca da organização de documentos digitais no acervo do CPDOC. Adicionalmente, buscou incentivar, por meio do Colabore,[1] a participação do público na identificação de informações que pudessem aprimorar a descrição e indexação das fotografias. As novas abordagens metodológicas exploradas no projeto enriqueceram tanto a compreensão quanto o acesso ao acervo do CPDOC.

---

1 O Colabore é uma ferramenta interativa que possibilita a participação ativa dos usuários no aprimoramento das informações do acervo por meio do compartilhamento de informações corretivas ou adicionais sobre itens documentais específicos, como documentos de Arquivo Pessoal, entrevistas de História Oral e verbetes do *Dicionário histórico-biográfico brasileiro*. Ao enviar contribuições, como identificação de pessoas em fotografias ou correções de informações, os usuários auxiliam na construção de um retrato mais preciso e abrangente da história. O Colabore representa um espaço de colaboração dinâmica entre o público e o CPDOC, desempenhando um papel fundamental na ampliação da divulgação de fontes históricas. As contribuições enviadas pelos usuários são revisadas pela equipe do acervo para garantir sua autenticidade e precisão. Após essa revisão, se as informações forem aprovadas, são então publicadas no Portal CPDOC.

Figura 2
Inclusão de informações adicionais na foto por meio do Colabore

Fonte: Elaborada pelas autoras (2023).

O retorno ao trabalho presencial e a implementação da nova metodologia no tratamento de documentos físicos

Ao retornar ao trabalho presencial, em 2022, a equipe se viu diante do desafio de aplicar a nova metodologia de organização no tratamento dos documentos textuais. Durante o período de isolamento social foram desenvolvidos os "Novos procedimentos de organização de arquivos pessoais" com o objetivo de acelerar a organização dos arquivos do CPDOC, liberando-os com maior rapidez para consulta pública, sem causar prejuízos para a preservação, a organização e a disponibilização das informações ao público.

Essa reestruturação levou a equipe a analisar as implicações positivas e negativas associadas à nova metodologia, que envolvia as seguintes etapas:

1. Produção de um inventário sumário de acordo com a lógica original de organização do arquivo produzida pela pessoa responsável pela titularidade e/ou doação;
2. Uso de um código simples até o nível da série;
3. Codificação completa dos primeiros documentos de cada dossiê e codificação com a sigla do arquivo nas primeiras páginas de todos os documentos que integram o dossiê;
4. Simplificação dos resumos das séries e dos dossiês.

Figura 3
Registro da nova codificação adotada pelo CPDOC

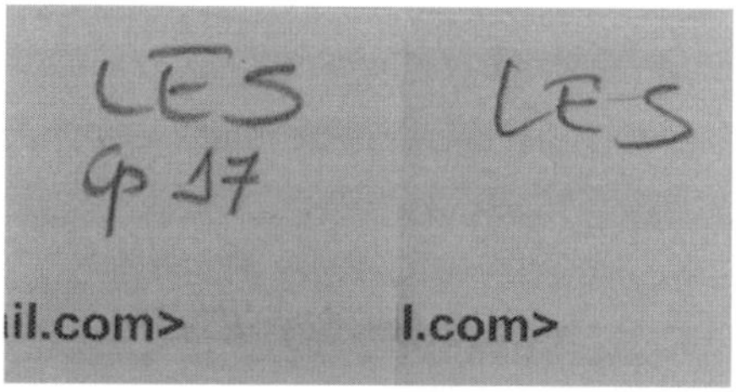

Fonte: Elaborada pelas autoras (2023).

A mudança no método de codificação dos documentos traz consigo algumas vantagens, uma vez que não há prejuízo para o acesso às informações, desde que essas alterações sejam devidamente documentadas e comunicadas aos pesquisadores. Além disso, ao longo dos anos, outras mudanças na metodologia de organização foram introduzidas, incluindo a progressiva eliminação da organização item a item em favor da organização por dossiês, conforme registrado na versão da metodologia publicada em 1986 (Gonçalves, 2007).

Com essa nova metodologia, os dossiês, organizados de forma cronológica, recebem um código numérico de identificação, diferentemente da prática anterior que os ordenava conforme a data do primeiro documento do dossiê. Até o ano de 2022, a codificação seguia o seguinte padrão:

> A composição do código continha um elemento que identificava o titular, acrescido da data do documento na ordem inversa (ano, mês e dia), colocando-se abaixo as siglas da série correspondente e da subsérie, quando fosse o caso. Se houvesse mais de um documento com mesma data, acrescentar-se-ia ao código uma numeração progressiva, antecipada de barra; nos anexos o código era acrescido da letra a maiúscula (A), precedida de hífen. Os elementos desconhecidos em relação à data deveriam ser substituídos por 00 e o código ficaria no canto superior direito da primeira página de cada documento e de cada anexo [Gonçalves, 2007:20-21].

Com a nova metodologia, os códigos foram simplificados, conforme exemplificado a seguir:

Arquivo Luiza Erundina – Série Carreira política
Códigos: LES cp 01, LES cp 02...

Figura 4
Codificação utilizada antes da nova metodologia

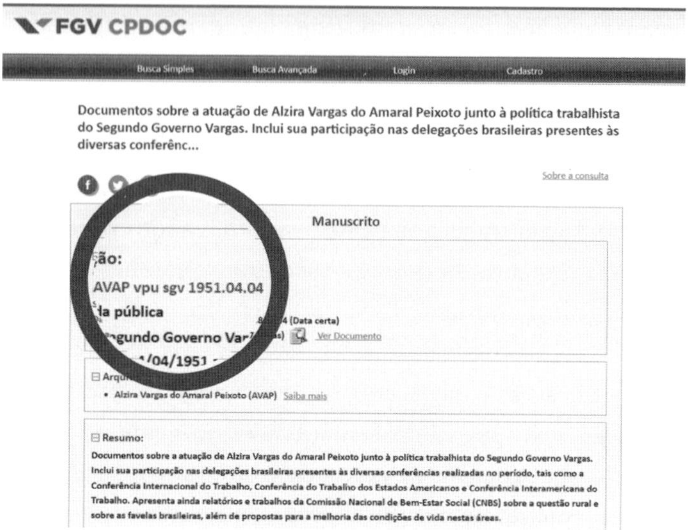

Fonte: Elaborada pelas autoras (2023).

Figura 5
Codificação adotada pela nova metodologia

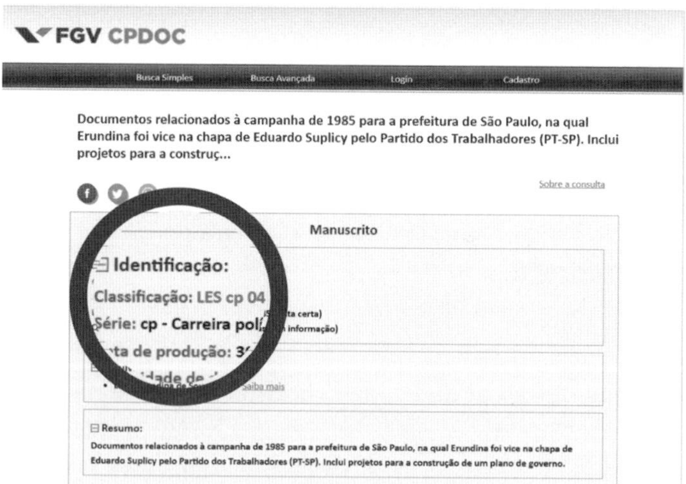

Fonte: Elaborada pelas autoras (2023).

As fases de higienização dos documentos (quando necessário), a troca de clipes e grampos de metal por alternativas em epóxi, o armazenamento em materiais alcalinos apropriados, com identificação dos dossiês e a contagem do número de documentos e páginas, continuam sendo etapas cruciais que não podem ser negligenciadas no processo de organização dos arquivos.

A simplificação dos resumos dos dossiês, embora reduza as informações acessíveis aos pesquisadores, não representa uma grande desvantagem porque é possível complementar os resumos dos dossiês num momento posterior ao processo de organização, ou seja, na fase da digitalização. Nesse processo, é comum efetuar correções em eventuais questões identificadas e também incluir novas informações relevantes. Essa etapa proporciona várias oportunidades subsequentes de interação, tanto por parte da equipe responsável quanto de pesquisadores colaboradores.

Figura 6
Ferramenta Colaborc

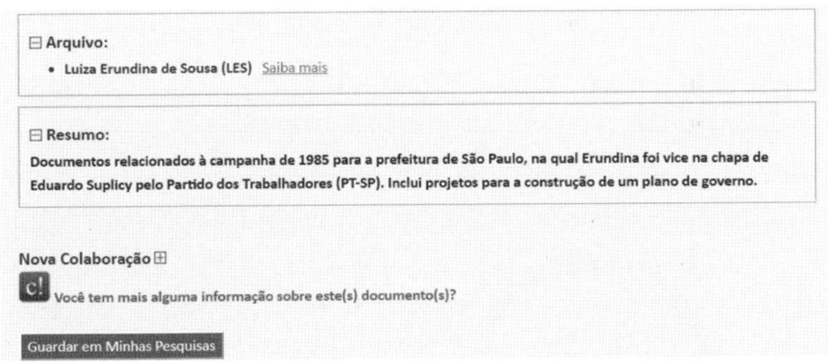

Fonte: Elaborada pelas autoras (2023).

O arquivo pessoal de Luiza Erundina foi selecionado como o pioneiro para ser organizado utilizando a recém-implantada metodologia. Essa escolha estratégica permitiu ao CPDOC testar e ajustar a abordagem, incorporando lições que viriam a moldar a aplicação dessa nova metodologia em futuras organizações de arquivos. O processo de organização do arquivo de Luiza Erundina não apenas ofereceu acesso mais ágil e eficiente ao seu conteúdo, mas também serviu como um marco na evolução contínua das práticas arquivísticas no CPDOC.

Desde o retorno às atividades presenciais, o CPDOC, utilizando a nova metodologia, organizou e liberou para consulta documentos de seis novos arquivos. São esses: Luiza Erundina; Gilberto Velho; Sociedade Brasileira de Sociologia (SBS); José Leite Lopes; Jorge Zahar; Ellen e Klauss Woortmann. Esse conjunto abrange um total de 123.801 páginas de documentos textuais e 5.463 iconografias disponibilizadas para consulta ao longo de aproximadamente um ano.[2] Por meio da implementação da nova metodologia, o CPDOC tem possibilitado o acesso facilitado e eficaz a um volume substancial de informações, enriquecendo a experiência de pesquisa e promovendo um maior acesso.

Em um mundo em constante transformação, onde a tecnologia e as demandas por acesso rápido e eficiente à informação impulsionam a evolução das práticas arquivísticas, o CPDOC se adapta e inova. A implementação da nova metodologia de organização de arquivos permitiu ao CPDOC continuar a disponibilizar seu acervo de maneira ágil e simplificada. A trajetória de reconfiguração das práticas, desde a digitalização até a organização remota de documentos, representa um marco significativo na história da instituição. Ao liberar um vasto conjunto de documentos para consulta, o CPDOC não apenas preserva e compartilha a memória histórica, mas também inspira outras instituições a se adaptarem e aprimorarem suas abordagens arquivísticas. Esse percurso reflete o compromisso do CPDOC em garantir que o acesso à informação permaneça atualizado, eficiente

---

2 A nova metodologia de organização é aplicada exclusivamente aos documentos textuais e audiovisuais.

e enriquecedor para todos os pesquisadores e interessados na compreensão da história contemporânea do Brasil.

Conclusão

O retorno ao trabalho presencial trouxe desafios e oportunidades significativas para o CPDOC na implementação da nova metodologia de organização de documentos históricos. Durante o período de isolamento social, a instituição desenvolveu abordagens inovadoras para agilizar a disponibilização de arquivos pessoais para consulta pública, sem comprometer a preservação e organização.

A análise das vantagens da nova metodologia ressaltou a importância de se adaptar às mudanças, mantendo um equilíbrio entre eficiência e preservação. A reformulação dos códigos de identificação e a simplificação de resumos e legendas representam uma mudança significativa nas práticas do CPDOC, impulsionando a agilidade e o acesso facilitado às informações.

A decisão de dispensar a numeração dos documentos nas pastas reflete a vontade de promover uma abordagem mais ágil, considerando a facilidade de acesso online aos materiais. Isso demonstra a capacidade da instituição de se adaptar às demandas contemporâneas e integrar as lições aprendidas durante a pandemia.

O CPDOC, reconhecido por sua trajetória pioneira, reafirma o compromisso de prosseguir evoluindo e inovando em suas práticas arquivísticas, com o objetivo de assegurar o acesso ao seu acervo histórico. A nova metodologia não só agiliza os processos internos, mas também responde às expectativas daqueles que buscam explorar e compreender a história contemporânea do Brasil. A adaptação e reformulação das metodologias de organização de documentos são fundamentais para garantir que os acervos permaneçam acessíveis para as gerações presentes e futuras.

Referências

ALVES, Carolina Gonçalves; AMADO, Daniele Chaves; SPOHR, Martina; CASTRO, Renan Marinho de. Arquivos pessoais, disponibilização e acesso na web: o caso do CPDOC. In: Anais. SEMINÁRIO NACIONAL DO CMU, VIII, Memória e acervos documentais, o arquivo como espaço produtor de conhecimento, 2016, Campinas. *Anais*... Campinas: Unicamp/ CMU, 2016.

BLANK, Thais; ALVES, Carolina; SPHOR, Martina. Arquivos em tempos de pandemia: a experiência do CPDOC. Disponível em: https://portal.fgv.br/artigos/arquivos-tempos-pandemia-experiencia-cpdoc. Acesso em: 1º out. 2023.

BRAGA, Suely. Accessus: sistema de documentação histórica do CPDOC, 2002 [s.n.] CAMARGO, Célia. Centros de documentação e pesquisa histórica: uma trajetória de três décadas. In: CPDOC 30 anos/ Textos de: Célia Camargo... [et al.]. Rio de Janeiro: Ed. Fundação Getulio Vargas, 2003. p. 21-44.

DOLLAR, Charles M. O impacto das tecnologias de informação sobre princípios e práticas de arquivos: algumas considerações. *Acervo*, Rio de Janeiro, v. 7, n. 12, p. 3-38, jan. 1994.

GONÇALVES, Martina Spohr. *De procedimentos a metodologia*: políticas de arranjo e descrição nos arquivos privados pessoais do CPDOC. 2007. Disponível em: https://repositorio.fgv.br/server/api/core/bitstreams/7443f825-70e5-4ca3-b973-e7922297ebdb/content. Acesso em: 1º out. 2023.

MARTINS, Dalton Lopes; LEMOS, Daniela Lucas da Silva; ANDRADE, Morgana Carneiro de. Tainacan e Omeka: proposta de análise comparativa de softwares para gestão de coleções digitais a partir do esforço tecnológico para uso e implantação. *Informação & Informação*, v. 26, n. 2, p. 569-595, 2021. DOI: 10.5433/1981-8920.2021v26n2p569.

"Avance uma casa": explorando o potencial educativo e lúdico do acervo histórico do FGV CPDOC

Daniele Amado
Martina Spohr

Este capítulo apresenta uma análise da trajetória e das produções do projeto "Difusão e educação patrimonial do acervo histórico do FGV CPDOC", que visa democratizar o acesso aos arquivos pessoais da instituição para estudantes e educadores. Essa análise explora as diversas estratégias adotadas pelo projeto, desde a produção de uma exposição virtual até os diversos jogos educativos, todos com o objetivo de aproximar o acervo da sala de aula. A educação patrimonial em arquivos tem se tornado cada vez mais relevante ao proporcionar a conexão entre o patrimônio documental preservado por essas instituições com processos de aprendizagem que estimulam a construção do conhecimento de maneira dialógica e crítica. A trajetória do projeto é anterior ao seu início oficial no ano de 2017. Isso, porque ela está alinhada a outras ações que mobilizaram, e ainda mobilizam, o Programa de Arquivos Pessoais nas últimas décadas, como veremos a seguir.

Desde 1973, o Centro de Pesquisa e Documentação de História Contemporânea do Brasil, conhecido atualmente como Escola de Ciências Sociais FGV CPDOC, abriga um dos maiores acervos de arquivos pessoais do país, com reconhecida relevância para a história contemporânea brasileira. Esse acervo é constituído por cerca de 240 arquivos pessoais de personalidades da política nacional e intelectuais das ciências sociais. Esses arquivos de homens e mulheres contêm documentos textuais, fotografias, registros audiovisuais e sonoros que são fontes históricas potenciais para pesquisas sobre política nacional e internacional, sociedade e cultura brasileira, imprensa, vida privada e relações familiares dessas personalidades, entre outras temáticas relevantes.

Comprometido com a democratização do acesso ao acervo e a ampliação de seu alcance, o CPDOC disponibiliza esses documentos de forma gratuita para consulta pública. Para isso, investe, há pelo menos 20 anos, em ações sistemáticas de preservação e disseminação de seu acervo que resultaram em projetos que viabilizaram a digitalização e o livre acesso online a milhares de páginas de documentos textuais e fotografias, por meio do Portal CPDOC[1] e do aplicativo da FGV.[2]

Esse compromisso com a difusão nos motivou a desenvolver no ano de 2013 a primeira "Oficina de uso de fontes primárias em sala de aula", voltada para professores do ensino básico. Para Daniele Amado (2018), essa iniciativa não se propõe apenas à divulgação do acervo, ela reconhece o grande potencial dos arquivos históricos para a construção do conhecimento histórico escolar, que deve ser mais explorado, tanto pelas instituições de guarda de acervos quanto pelos professores. Heloisa Bellotto, ao refletir sobre o papel social e educativo dos arquivos permanentes, reforça a importância de instituições de arquivo construírem um caminho de estreitamento da ligação escola-arquivo.

> A educação não pode abrir mão das possibilidades didáticas do arquivo: tornar a História, de uma vez por todas, uma disciplina que se entenda e não se decore. E o arquivo, se não levar em conta a importante força social que lhe oferece o mundo escolar, estará perdendo a oportunidade

---

1 Disponível em: www.fgv.br/cpdoc/acervo/arquivo. Acesso em: 13 jul. 2023.

2 Disponível em: https://portal.fgv.br/app-fgv. Acesso em: 13 jul. 2023.

de desempenhar melhor a necessária participação na vida nacional [Bellotto, 2007:246].

Além dos profissionais de arquivos, como Bellotto, a área de ensino de história também destaca a relevância do uso didático dos arquivos. Seguindo essa linha, Flavia Heloisa Caimi observa que as novas orientações historiográficas e as mudanças pedagógicas na área da educação no Brasil, especialmente nas políticas educacionais, como os Parâmetros Curriculares Nacionais e o Programa da Nacional do Livro Didático para a área de História, propõem uma abordagem atualizada para o trabalho com fontes históricas.

> Para além do caráter ilustrativo e comprobatório que o uso escolar de fontes assumiu nos manuais didáticos em épocas passadas, as atuais políticas definem um novo ideário, que imprime centralidade à tarefa de relacionar o estudo de fontes históricas à construção do conhecimento [Caimi, 2008:140].

Podemos afirmar que a educação patrimonial em arquivos se conecta diretamente com as perspectivas de Bellotto e Caimi, fornecendo uma abordagem prática para a aprendizagem histórica, ao mesmo tempo que fortalece a relação entre as instituições arquivísticas e as escolas.

Outras oficinas de usos de fontes históricas em sala de aula foram realizadas nos anos seguintes. Os resultados positivos nos motivaram a refletir novamente sobre a sistematização de ações educativas que atendessem não só professores e estudantes universitários de história, ciências Sociais e áreas afins, mas especialmente a estudantes do ensino fundamental e médio, público que pouco alcançávamos. Durante alguns anos pensamos em promover um projeto de difusão educativa de arquivos (Bellotto, 2007:227), porém nossa estrutura física, antes localizada apenas no prédio sede da Fundação Getulio Vargas, dificultava esse trabalho.

Até a inauguração da Casa Acervo, no final do segundo semestre de 2016, o CPDOC carecia de um ambiente adequado para receber crianças e adolescentes para visitas escolares. Com a perspectiva de conseguirmos montar um espaço que poderia ser dedicado à realização de atividades educacionais, somada aos demais elementos mencionados anteriormente, desenvolvemos o projeto de pesquisa aplicada "Difusão e educação patrimonial do acervo histórico da FGV CPDOC",[3] que iniciou suas atividades em 2017.

Veremos a seguir que, para alcançar seu objetivo de democratizar o acesso ao acervo de arquivos pessoais da instituição e ampliar o público, nos aproximando das escolas de ensino básico, o projeto se dedica a produzir diferentes produtos e atividades educativas e lúdicas, presenciais e remotas, para estudantes e profissionais da educação e da área de acervos culturais e patrimônio. Inicialmente focado no Arquivo Getúlio Vargas, o projeto agora também abrange outros arquivos que refletem a diversidade do acervo, incluindo arquivos pessoais de mulheres.

Uma exposição virtual para estudantes, em diálogo com os professores

O arquivo pessoal de Getúlio Vargas foi o primeiro a ser incorporado ao arquivo histórico do CPDOC. Foi também o primeiro a ser digitalizado e disponibilizado online gratuitamente para a pesquisa pública, e o primeiro a integrar o projeto, definindo o tema da

3 O projeto foi submetido para financiamento à chamada interna da Rede de Pesquisa e Conhecimento Aplicado (RPCAp) da FGV no final de 2016, tendo sido aprovado para execução.

exposição virtual intitulada "'Saio da vida para entrar na história': Getúlio Vargas e a propaganda política (1930-1954)". Considerando que a maior parte dos documentos que o compõem aborda sua trajetória política, a exposição busca apresentar ao público escolar a relevância da propaganda política nessa longa trajetória, convidando à reflexão.

A primeira produção do projeto, a exposição virtual, pode ser entendida como resultado do diálogo estabelecido entre as coordenadoras do projeto e os profissionais da educação que participaram das oficinas de uso de fontes em sala de aula. Durante as oficinas, uma das sugestões dos participantes foi a de que considerássemos a possibilidade de disponibilizar conjuntos de documentos com temáticas diversas da história contemporânea do Brasil, que também contemplassem uma diversidade de tipos de documentos (textuais, fotografias, áudios e vídeos). Uma das dificuldades, apontadas por professores, para a realização de atividades com o uso de fontes históricas era a falta de tempo, devido à carga de trabalho intensa, dentro e fora da sala de aula.

Figura 1
Capa da exposição virtual produzida pelo projeto

Fonte: FGV CPDOC (2018).

Esse cenário de sobrecarga de atividades impacta diretamente na disponibilidade dos professores para conduzir pesquisas em acervos, selecionar fontes relevantes e desenvolver atividades adequadas para os alunos do ensino fundamental e médio. Nesse sentido, a oferta de conjuntos temáticos de documentos reduziria o tempo necessário para preparar aulas que envolvam fontes históricas e poderia funcionar com estímulo a essa atividade (Amado, 2018). Outra questão mencionada foi a restrição de acesso aos documentos do acervo. Podemos citar os documentos audiovisuais, que não estão disponíveis para acesso online, estando disponíveis somente na sala de consulta. Isso ocasiona dificuldade, ou mesmo impede o acesso de professores que não estão localizados no Rio de Janeiro.

Considerando essas sugestões, a página dedicada à exposição foi estruturada em seis módulos temáticos distintos, proporcionando ao público acesso a diversos tipos de documentos do arquivo de Getúlio Vargas. Essa variedade abrange desde filmes e áudios contendo *jingles* de campanha e discursos do ex-presidente até fotografias que retratam momentos, como a campanha presidencial de Vargas em 1950, que percorreu todas as regiões do país. Além disso, a exposição conta com elementos como panfletos, cartas-testamento e a íntegra de seus 13 diários pessoais. Esse conteúdo, parte integrante do acervo, está igualmente acessível em plataformas populares como Flickr, Youtube e SoundCloud.

Todos os documentos textuais são disponibilizados para *download* gratuito, permitindo que sejam impressos e utilizados nos espaços escolares. O site da exposição oferece um módulo especialmente destinado a atividades educativas de natureza lúdica, como palavras cruzadas, caça-palavras e o jogo "Desafio Vargas", que, por meio de uma abordagem divertida, motiva os participantes a explorarem os períodos em que Getúlio Vargas esteve no poder e a compreender os eventos-chave, políticas implementadas e personalidades que marcaram esses momentos históricos. O conteúdo do módulo também está disponível para download, permitindo que educadores, estudantes e entusiastas tenham acesso ao material, podendo integrá-lo em suas atividades educacionais, pesquisas individuais ou momentos de lazer.

Figura 2
Frente e verso de uma das cartas do jogo educativo, "Desafio Vargas"

ANNA AMÉLIA QUEIROZ

Diga aos jogadores que sou um **PESSOA**

1) Em 1928 fui convidada para ser presidente da instituição Casa do Estudante Brasileiro.

2) Em 1931 participei do II Congresso Internacional Feminista.

3) Fui vice-presidente da Federação Brasileira pelo Progresso Feminino.

4) Em 1933 obtive o cargo de presidente vitalícia na Comissão Central da Casa dos Estudantes.

5) Fui a primeira mulher membro do Tribunal Eleitoral.

6) Em 1937 fui eleita presidente do Conselho Nacional de Estudantes.

7) Entre 1941 e 1943 fui nomeada representante brasileira na Comissão Interamericana de Mulheres.

8) Fui nomeada por Getúlio Vargas para ser representante do Brasil no 1° Congresso Feminista Internacional.

9) Tive livros de poesias publicados.

10) Palestrei no Instituto Histórico Geográfico Brasileiro sobre a temática "Mulher e Literatura".

Fonte: Elaborada pelas autoras.

Além dos módulos temáticos, a exposição apresenta uma linha do tempo sobre a vida de Vargas, ilustrada com imagens de seu arquivo pessoal e um carrossel com 98 verbetes sobre personalidades que desempenharam algum papel no cenário político durante os dois governos de Vargas. A exposição foi lançada ao público em outubro de 2018 e acumulou mais de 131 mil visualizações, até setembro de 2023. O acesso público à exposição está disponível.[4]

Figura 3
Tela do carrossel de verbetes disponível na exposição virtual "Saio da vida para entrar na História"

Fonte: FGV CPDOC (2023).

Escola no Acervo: da frieza das telas aos esperados encontros presenciais

Concomitantemente ao lançamento da exposição, demos início ao desenvolvimento de uma sala na Casa Acervo destinada a receber visitas de escolas públicas e privadas. A sala educativa, que estava programada para inauguração em abril de 2020, oferece atividades interativas e jogos relacionados com os arquivos pessoais e o acervo de Getúlio Vargas. Equipada com telas interativas, totens de áudio e uma decoração temática e colorida, a sala foi concebida para proporcionar uma experiência inovadora. No entanto, devido

---

[4] Disponível em: https://expo-virtual-cpdoc.fgv.br/. Acesso em: 20 jul. 2023.

à pandemia da Covid-19, a inauguração da sala e o início das visitas presenciais foram adiados.

A "Escola no Acervo" começou suas atividades de forma virtual em setembro de 2020 como uma resposta às limitações impostas pela situação. Essa iniciativa proporcionava visitas virtuais mediadas pelos arquivos pessoais de Getúlio Vargas e por outros registros do acervo do CPDOC, tudo remotamente e organizado por meio de roteiros temáticos. Os educadores tinham a opção de escolher antecipadamente os roteiros que melhor se adequavam às necessidades e interesses de suas turmas. Com essa abordagem, o objetivo era apoiar os professores em suas atividades educacionais à distância, contribuindo para a construção do conhecimento histórico. Além disso, durante o período de isolamento social, essa iniciativa buscava estimular novas formas de interação entre estudantes e profissionais da educação.

Entre a suspensão das atividades presenciais na FGV, que ocorreu em março de 2020, e a realização da "visita teste" em setembro do mesmo ano, a equipe do projeto empreendeu extensas pesquisas e realizou encontros para chegar à proposta de realizar as visitas escolares de forma remota. Essas investigações se concentraram, sobretudo, nas práticas educativas adotadas em museus, uma vez que esse tipo de iniciativa é menos comum nas instituições arquivísticas brasileiras, o que aumentou o grau de desafio da empreitada. Ivana Parrela (2013) destaca que os investimentos em atividades educativas por parte dos arquivos brasileiros ainda são consideravelmente menores quando comparados aos museus. As instituições arquivísticas possuem acervos de natureza distinta dos museus e frequentemente enfrentam obstáculos, como a falta de pessoal especializado, de espaços adequados e de recursos financeiros para a realização de atividades educacionais. Diante desse panorama, é compreensível que apenas um pequeno número de instituições no Brasil se dedique ao desenvolvimento de ações educativas rotineiras em arquivos.

A realização da "visita teste" nos permitiu reconhecer que o formato originalmente concebido para os roteiros temáticos das visitas, baseado na utilização de uma apresentação de *slides*, não se mostrava atrativo para o público escolar. Tal formato, caracterizado pela monotonia e semelhança a uma aula expositiva, revelou-se inapropriado, especialmente considerando o contexto em que as pessoas já estavam sobrecarregadas com o uso excessivo de telas. Esse formato também não propiciava uma interação fluida entre as educadoras do projeto e os estudantes visitantes.

Figura 4
Registro de visita virtual "Escola no Acervo"

Fonte: FGV CPDOC (2020).

Diante dessa constatação, foi necessário retomar as pesquisas em busca de ferramentas educativas que pudessem incorporar elementos de gamificação às visitas. Essa abordagem, que introduz aspectos lúdicos à proposta, revelou-se essencial para fomentar um diálogo maior entre todas as partes envolvidas no processo, tornando a experiência mais envolvente e agradável, contrastando com a sensação de frieza que o distanciamento e o uso excessivo de telas poderiam proporcionar naquele momento.

Os roteiros temáticos disponíveis eram: "Quem foi Getúlio Vargas?", "Estado Novo", "Mulheres e política", "Cultura", "Trabalho" e "Propaganda política na Era Vargas". Os roteiros contavam uma diversidade de tipologias documentais que favoreciam diferentes possibilidades de discussão e construção do conhecimento. Nas visitas virtuais, realizadas pela plataforma Zoom, estudantes eram estimulados a analisar os documentos de forma crítica, compreender seus contextos de produção, por exemplo. Incorporamos dinâmicas e jogos a cada um dos roteiros. Esses jogos utilizavam tanto o conteúdo educativo desenvolvido para a exposição virtual, como o "Desafio Vargas", quanto novos jogos criados com conteúdo pertinente a cada temática. Para criar essas atividades interativas, recorremos à plataforma educacional baseada em jogos, "Kahoot!". Esse processo favoreceu o aumento do engajamento de estudantes nas visitas, tornando a exploração dos documentos e dos conceitos históricos uma experiência educativa e divertida.

Além das visitas virtuais direcionadas às escolas, também promovemos visitas técnicas em formato remoto, destinadas a instituições arquivísticas que demonstraram interesse em conhecer nossa iniciativa para desenvolver atividades educativas virtuais em suas instituições. Dessa forma, recebemos quatro instituições do estado de São Paulo: Fundação Fernando Henrique Cardoso, Arquivo Histórico Municipal (AHM) de São Paulo, Arquivo Edgar Leuenroth (AEL) da Unicamp e o Centro de Memória e Integração Cultural Bertha Moraes Nérici (Cemic), localizado em Santana do Parnaíba. Nesses encontros trocamos experiências sobre as dinâmicas das visitas escolares realizadas pelas instituições — algumas já desenvolvem atividades presenciais, outras estão iniciando as atividades virtuais —, e essa troca entre as instituições é sempre muito enriquecedora para compartilharmos os desafios, experiências e resultados que têm dado certo (Spohr et al., 2021).

A iniciativa teve alcance nacional e a participação de escolas públicas e privadas. Apesar dos resultados positivos, com o retorno das aulas presenciais as demandas pelas visitas virtuais acabaram e, por esse motivo, encontram-se suspensas.

Com o retorno das atividades presenciais no FGV CPDOC em 2022, as visitas à sala educativa da Casa Acervo puderam finalmente ser implementadas, tendo seu início no mês de junho. Assim como no formato virtual, realizamos uma primeira visita experimental com o intuito de avaliar a eficácia da dinâmica previamente planejada para a sala. Até mesmo porque, antes da pandemia, não havíamos tido a oportunidade de receber as escolas presencialmente. Nesse sentido, as discussões e trocas de experiências, mencionadas anteriormente, com instituições que já possuíam experiência prévia com visitas presenciais tiveram um papel importante na definição do formato adequado para essas atividades educacionais presenciais.

Durante as visitas, os alunos têm a oportunidade de conhecer de perto o universo dos arquivos pessoais, como eles são constituídos, a relevância desses documentos para a escrita da história e como se dá o trabalho de pesquisadores ao analisar os registros históricos de maneira crítica. Nesse sentido, são estimulados a perceber que a análise de um documento por si só não dá conta de compreender um fato. A interpretação dos documentos requer o conhecimento histórico, o entendimento do contexto e a capacidade de relacionar diferentes fontes de informação e perspectivas. Também é apresentado aos grupos escolares o trabalho de gestão do acervo histórico da instituição. São abordados diversos temas, incluindo a captação desses arquivos e a preservação física e digital dos documentos. Alguns conteúdos da exposição virtual também são utilizados na sala, como os *jingles* de campanha, que ficam disponíveis em um totem, e o jogo "Desafio Vargas".

O tapete, que reproduz um jogo de tabuleiro, foi criado exclusivamente para a sala. O jogo, que simula uma corrida presidencial, com acontecimentos que remetem aos governos Vargas, é o ponto alto da visita. Estudantes são divididos em dois grupos e precisam criar seus partidos políticos e escolher seus candidatos à eleição para jogar. A atividade permite que os alunos reflitam e debatam sobre os valores democráticos e direitos sociais e políticos.

Figura 5
Sala Educativa da Casa Acervo CPDOC

Fonte: FGV CPDOC (2023).

A sala também está equipada com duas telas interativas. Nessas telas, estudantes têm acesso a curiosidades relacionadas com os anos de 1930 a 1950. Podem explorar cartas trocadas entre Getúlio Vargas e Alzira Vargas, sua assessora e filha. A correspondência entre eles aborda uma variedade de assuntos, desde articulações políticas a temas do cotidiano como estado de saúde e a compra de produtos de higiene pessoal. Outros recursos interativos incluem um "Quiz", que utiliza documentos do acervo, o popular "Jogo dos 7 erros", com fotografias do acervo histórico do CPDOC, e o "Quem sou eu na Era Vargas". Esse último é um teste no estilo "BuzzFeed", que usa uma linguagem mais conhecida por estudantes pré-adolescentes e adolescentes.

Como um dos objetivos do projeto sempre foi a democratização do acesso ao acervo, uma das medidas adotadas nesse sentido foi a oferta de transporte gratuito para as escolas públicas da cidade do Rio de Janeiro e região metropolitana. Vale destacar o impacto positivo proporcionado pelas visitas de alunos de ensino fundamental e médio à FGV, sua interação e integração com o espaço cultural do nosso acervo. Além disso, os profissionais da educação inscritos nas visitas relatam que essa atividade, além de seu caráter lúdico e pedagógico, permite que os alunos circulem e conheçam diferentes espaços da cidade do Rio de Janeiro, como o bairro de Botafogo, a Casa Acervo CPDOC e a própria FGV. Entre junho de 2022 e dezembro de 2023, foram realizadas 87 visitas presenciais, com a participação de mais de 1.600 estudantes do ensino básico.

Game "Casa Acervo"

Em 2023 o projeto lançou o Game App "Casa Acervo", também baseado no acervo histórico do FGV CPDOC, que tem como objetivo simular uma pesquisa nos arquivos pessoais de personagens da história contemporânea do Brasil.[5] A partir de diferentes missões, o jogador pode passear por diversos tipos documentais e temáticas. Como o game tem um perfil educativo, voltado especialmente para o desenvolvimento da habilidade de reconhecer e interpretar criticamente as fontes históricas, enquanto registros do passado, a expectativa é que ele seja um recurso lúdico para contribuir com o ensino de história.

O jogo possui 40 missões. Cada uma delas é uma proposta de pesquisa no acervo, exigindo que o jogador explore diferentes tipologias documentais, além de diferentes personalidades da história política brasileira, incluindo mulheres que tiveram sua atuação e lutas por direitos invisibilizadas por muitos anos, como as sufragistas Almerinda Farias Gama e Anna Amélia Pereira de Queiroz.

---

[5] Ele está disponível para download na loja Android: https://play.google.com/store/apps/details?id=br.fgv.gamecasaacervo e na loja Apple/iOS: https://apps.apple.com/br/app/casa-acervo/id1659673882. Acesso em: 20 jul. 2023.

Figura 6
Capa do game "Casa Acervo"

Fonte: Elaborada pelas autoras (2023).

O jogo tem o objetivo de incentivar o pesquisador/jogador a utilizar a maior diversidade de documentos, abrangendo diversos tipos documentais, arquivos pessoais e temáticas, para compor suas pesquisas. Os avanços nas pesquisas realizadas durante o jogo são automaticamente salvos, o que permite que o jogador o retome a partir do ponto em que parou em sessões futuras. Além disso, há a opção de reiniciar as missões, se desejar, e criar novas combinações de fontes para um mesmo relatório de pesquisa. Ao longo do progresso do jogo, também são fornecidas dicas e informações sobre o os arquivos e a pesquisa histórica, enriquecendo ainda mais a experiência educativa.

Essas iniciativas, produtos e atividades do projeto "Difusão e educação patrimonial" alcançaram, assim, seu objetivo central: a promoção da democratização do acesso aos documentos preservados no acervo histórico do CPDOC, bem como o estímulo a reflexões e discussões com públicos diversos acerca dos arquivos e do patrimônio. Conseguimos, com o projeto, colocar estudantes e professores do ensino básico como protagonistas e produtores de conhecimento histórico, favorecendo assim o desenvolvimento de uma consciência cidadã (Guimarães, 2015:151).

Referências

AMADO, Daniele Chaves. Oficina de uso de fontes primárias em sala de aula: a experiência da escola de Ciências Sociais/ CPDOC. In: MONTEIRO, Fernanda; AMADO, Daniele (Org.). *Café com arquivo*: o documento em debate. Rio de Janeiro, 2018. p. 94-113. (v. 1, n. 1).

BELLOTTO, Heloísa Liberalli. *Arquivos permanentes*: tratamento documental. Rio de Janeiro: FGV, 2007.

CAIMI, Flávia Eloisa. Fontes históricas na sala de aula: uma possibilidade de produção de conhecimento histórico escolar? *Anos 90*, Porto Alegre, v. 15, p. 129-150, 2008.

GUIMARÃES, Selva. *Didática e prática de ensino de história*: experiências, reflexões e aprendizagens. Campinas, SP: Papirus, 2015.

LIMA, Samira Bandeira de Miranda. Educação patrimonial é mais educação! In: SORRENTINO, Átila Bezerra (Org.). *Educação patrimonial*: reflexões e práticas. Caderno temático 2. João Pessoa: Superintendência do Iphan na Paraíba, 2012. v. 2, p. 1-104.

PARRELA, Ivana. Educação patrimonial nos arquivos brasileiros: algumas experiências e perspectivas de uso da metodologia.

Ciência da Informação, Brasília, v. 41 n. 1, p. 124-133 jan./abr. 2013.

SPOHR, Martina G.; AMADO, Daniele C.; GARRIDO, Ayra G. A Escola no Acervo e os desafios do Projeto Difusão e Educação Patrimonial da FGV CPDOC em tempos pandêmicos. Memória e Informação, v. 5, n. 2, p. 101-114, 2021.

TOLENTINO, Átila Bezerra. O que não é educação patrimonial: cinco falácias sobre seu conceito e sua prática. In: TOLENTINO, Átila Bezerra; BRAGA, Emanuel Oliveira (Org.). *Educação patrimonial*: políticas, relações de poder e ações afirmativas. Caderno Temático de Educação Patrimonial n. 5. João Pessoa: Instituto do Patrimônio Histórico e Artístico Nacional, 2016. p. 39-48.

Uma vida contada por computadores: a experiência com a organização de fontes nato-digitais no arquivo de Luiza Erundina

Roger Camacho Barrero Junior

Introdução

Os arquivos pessoais[1] podem trazer informações sobre um mar de situações, pois não são reflexos de uma vida singular. Eles não se referem apenas a seu titular, mas podem auxiliar na compreensão da história daqueles que contribuíram para sua construção (familiares, arquivistas, partidos, instituições), pois podem ser fruto inclusive de projetos coletivos. Para tanto, devemos observar a história desses acervos a fim de desnaturalizar a sua composição e identificar as motivações que trouxeram acréscimos ou descartes no decorrer do tempo (Heymann, 2013:69-72). Apesar das interferências e intencionalidades, Ana Maria de Almeida Camargo (2009) explica que os arquivos pessoais não deixam de representar as atividades desenvolvidas por seu titular no decorrer de sua vida e que eles não são compostos única e exclusivamente por seleções e ordenamentos premeditados.

---

1 Os arquivos pessoais não seguem a lógica dos institucionais, pois não são constituídos como ferramenta para o funcionamento interno de uma repartição. Como fruto de atividades realizadas por alguém durante sua vida, eles representam os anseios de quem os acumulou, cabendo ao arquivista respeitar a organização na qual eles se encontram quando foram doados. Sobre o assunto, podemos tomar como exemplo o artigo de Ariane Ducrot (1998), que analisa a classificação documental em arquivos pessoais e defende a preservação da sua estrutura original.

Apesar de haver tantas questões em torno desses acervos, por muito tempo os arquivos públicos/institucionais tiveram primazia na arquivística e na história devido à crença de que serviriam somente para refletir sobre a especificidade do indivíduo (Abreu, 2018:20). Estudos mais recentes, por sua vez, passaram a reconhecer que os acervos pessoais passaram a ser analisados não apenas como material, mas também como objeto de pesquisa. De acordo com Augusto Britto e Analaura Corradi (2017), os estudos sobre os arquivos pessoais (como material e como fonte para a pesquisa) começaram a surgir nos anos 1960 com as ponderações de Theodore Schellenberg. Segundo os autores, a temática ganhou espaço no Brasil somente nas décadas de 1990 e 2000.[2] Como definem os micro-historiadores, uma pessoa não está apartada de seu meio, pois se apropria dos seus costumes, mas, ao mesmo tempo, se distancia dele. É o que eles chamam de *excepcional-normal*, ou seja, o quanto uma pessoa é representativa (ou não) da conjuntura em que vive.[3]

Quando nos debruçamos sobre os arquivos deixados por mulheres, por exemplo, é explícita a diversidade de situações e trajetórias, fazendo-nos repensar nossa visão sobre a sociedade. Contudo, a discrepância em relação àquilo que foi deixado por homens também deve ser levada em consideração, pois nos faz pensar sobre a maneira como as relações de gênero interferiram (e interferem) nessas vidas. Se do ponto de vista masculino há vestígios de atividades realizadas em espaços públicos, do feminino predomina muitas vezes o cotidiano doméstico. Apesar de elas também terem ocupado as ruas e o comércio, como mostrou Maria Odila Leite da Silva Dias (1995),

---

2 A título de exemplo, podemos citar as análises de Luciana Heymann (1997), sobre a construção da memória de Filinto Müller, Priscila Fraiz (1998), sobre o arquivo de Gustavo Capanema, a qual analisa a formação desse *corpus* como a construção de sua autoimagem, e outro de Luciana Heymann (2005), que trata da maneira como o arquivo pessoal de Darcy Ribeiro sofreu a influência daqueles que buscavam gerir uma imagem dele para a posteridade.

3 Grendi (2009); Ginzburg (2017); Levi (1991).

tal silenciamento fora imposto durante muito tempo e em diferentes conjunturas (como o não reconhecimento de sua presença nos postos de trabalho formal), acrescido de representações que lhes delegavam a casa como espaço ideal (Fraccaro, 2018:24).

A historiadora Céli Pinto trata dessas questões em seus textos. Em um deles, ela escreveu sobre a deputada estadual gaúcha Suely Oliveira, do Partido Trabalhista Brasileiro (PTB), que exerceu o seu mandato entre 1950 e 1974, e foi avaliada por seus colegas mais pela sua estética e feminilidade do que pelos projetos que apresentou. Dessa forma, a autora expõe como o apagamento da participação política das mulheres se dava também pelo desmerecimento de seus posicionamentos (Pinto, 2014). Em conjunto com Augusta Silveira, ela também escreveu sobre deputadas federais com carreiras longevas no período pós-abertura política no Brasil (Pinto e Silveira, 2018). A partir desse trabalho, ela pôde questionar motivos para a continuidade/interrupção de seus mandatos, além das estratégias que utilizaram para construir e gerir capitais políticos.

Estudos como os citados nos ajudam a perceber como os arquivos pessoais são importantes para questionarmos silenciamentos, pois permitem que nos aproximemos do cotidiano de pessoas *apagadas* pelos *textos oficiais*. Entretanto, é importante lembrar que os sujeitos também se moldam aos objetos e tecnologias presentes em seu meio. As mulheres estudadas por Céli Pinto, por exemplo, diferem daquelas que presenciaram o final do século XX e início do XXI. Para além das diferenças socioculturais, a massificação dos computadores fez com que as pessoas construíssem acervos híbridos, ou seja, um *corpus* composto por materiais físicos (como correspondências, fotografias, rascunhos e textos) e digitais (e-mails, imagens de redes sociais, páginas pessoais e arquivos em Word ou PDF) (Abreu, 2018:44-45).

Um desses casos é o da deputada federal Luiza Erundina de Sousa, nascida em Uiraúna (PB) no dia 30 de novembro de 1934. Ela é filha de um casal de trabalhadores rurais, teve 10 irmãos e migrou mais de uma vez devido à seca (Barrero Junior, 2019). Concluiu o *Curso Colegial* com a ajuda de uma tia e tornou-se professora. Então, mudou-se para Campina Grande (PB), e iniciou sua graduação em Serviço Social (1963), vindo a concluí-la na Universidade Federal da Paraíba (UFPB) em 1966. Com diploma de Ensino Superior, Erundina defendeu sua dissertação de mestrado (1969) na Fundação Escola de Sociologia e Política de São Paulo (FESP-SP). Retornou ao seu estado no ano seguinte, mas, devido a ameaças políticas, voltou à capital paulista (1971). Assim, ela se tornou funcionária pública municipal e docente nas Faculdades Metropolitanas Unidas (FMU) (1973-1982) (Barrero Junior, 2021).

Posteriormente, Luiza Erundina foi presidenta da Associação Profissional dos Assistentes Sociais de São Paulo (Apassp) (1978-81) e se filiou ao PT (1980). Por esse partido ela foi eleita vereadora (1982), deputada estadual (1986) e prefeita de São Paulo (1988), governando a cidade entre 1989 e 1993. No ano em que deixou a prefeitura, foi nomeada ministra da Administração Pública Federal pelo presidente Itamar Franco (1993). Tentou retornar à prefeitura paulistana em 1996, 2000, 2004 e 2016 (além de ser vice na chapa de Guilherme Boulos em 2020), mas não obteve êxito. Contudo, tais experiências não se desenrolaram em uma única legenda, pois ela desligou-se do PT em 1998 e filiou-se ao PSB, partido pelo qual elegeu-se deputada federal naquele ano e consecutivamente em 2002, 2006, 2010 e 2014. Em 2015, ela tentou fundar o Raiz, Movimento Cidadanista, mas acabou mudando de planos e se filiou ao PSOL (2016), agremiação pela qual se reelegeu mais duas vezes (2018 e 2022) e segue trabalhando no Congresso Nacional (Barrero Junior, 2021).

Luiza doou seu arquivo pessoal para a Fundação Getulio Vargas (FGV) em 2019. Muitas das fontes ali disponibilizadas foram produzidas por meio de computadores e *softwares*, diferentemente dos tradicionais manuscritos e fotografias já presentes nas diversas pastas e caixas preservadas pelos arquivos históricos. Trata-se principalmente de materiais utilizados em sua campanha a vice-presidente em 2020, mas há também textos, fotografias digitais e vídeos produzidos nas décadas de 1980, 1990, 2000 e 2010.[4] Apesar das dificuldades em relação à garantia de identidade e integridade desses documentos (Abreu, 2018:61-62), o fato de terem sido recebidos em conjunto e associados diretamente a atividades parlamentares nos ajuda a identificar as relações entre suas funções originais e a vida de sua produtora.

Os desafios para a catalogação e organização dessas fontes são vários, mas devemos enfrentá-los a fim de contribuir com o trabalho de futuros pesquisadores que busquem analisar a construção e a composição de arquivos nato-digitais (Abreu, 2018:163) ou a atuação política de mulheres no Brasil da segunda metade do século XX (Pinto e Silveira, 2018).[5] Pensando nessas reflexões, é possível questionar: quais as suas possibilidades de ação? Como as novas tecnologias impactaram na divulgação de suas ideias e projetos políticos? Que problemáticas surgiram a partir dessa mudança? Essas são algumas questões que podemos levantar.

---

4 O acervo de Luiza Erundina é composto por diversos suportes documentais produzidos em sua vida pessoal e carreira política. Há manuscritos (anotações, correspondências, projetos, memoriais), diplomas (escolares, graduação, homenagens e premiações), materiais de campanha (folhetos, *santinhos*, programas, rascunhos), livros (biografias, publicações do mandato), revistas (recortes ou versões integrais de periódicos com textos escritos por Erundina), fotografias (imagens familiares, institucionais, *banners* e quadros; há também materiais físicos, em preto e branco e em cores, e digital) e materiais nato-digitais (vídeos, textos digitados em Word, fotografias).

5 Os documentos nato-digitais são aqueles que foram produzidos por equipamentos eletrônicos (como computadores, celulares, câmeras digitais) com o intermédio de *softwares*. Diferentemente do material digitalizado, eles não foram originalmente impressos/produzidos em suporte físico (papéis, cadernos, livros) e, posteriormente, convertidos em pdf, mp4, doc, mov, entre outros formatos. A equipe do CPDOC utilizou principalmente da metodologia proposta por Jorge Abreu (2018), a qual será exposta adequadamente neste texto.

Como uma mulher dos séculos XX e XXI, Erundina não deixou de se utilizar das ferramentas presentes em seu cotidiano para registrar e narrar sua vida. Se ela começou sua trajetória utilizando máquinas de escrever, lápis e canetas e sendo fotografada por câmeras analógicas em preto e branco, posteriormente, passou a postar vídeos em plataformas digitais e redes sociais, além de digitar seus textos em programas de computador e depois enviá-los por e-mail. A internet ampliou a possibilidade de divulgação da sua agenda política, mas impôs novos desafios, como o alcance real de suas palavras e a preservação desse material, tendo em vista a volatilidade dos suportes e dos formatos daquilo que foi produzido (Abreu, 2018:55). Partindo destas reflexões, este capítulo tem o objetivo de refletir sobre a experiência de catalogação e organização das fontes nato-digitais presentes no acervo de Luiza Erundina custodiado pela Coordenação de Documentação do CPDOC, levando em consideração a composição híbrida do seu fundo e suas implicações para o trabalho arquivístico.

Construindo o fundo: organização do acervo e de seu quadro de arranjo

Meu trabalho no arquivo pessoal da deputada federal Luiza Erundina foi iniciado em maio de 2022 de forma remota, mas a sua identificação e organização já havia começado com a atuação de uma equipe de analistas e bolsistas da FGV coordenada por Carolina Gonçalves Alves e Daniele Amado.[6] A escolha por essa estratégia

6 A equipe foi coordenada por elas, mas contou ainda com o apoio de Gabriel Cardoso Borges Silva e Ninna de Araújo Carneiro Lima. Também participaram Roger Camacho Barrero Junior (pesquisador de pós-doutorado), além dos estagiários Amanda de Jesus Rocha, Isabela Puppin de Oliveira Ribeiro, Jennifer Eduarda Alves de Andrade, Marina Jau, Patrícia Daliah Atthie, Pedro Henrique Lucena da Silva, Rayssa Farias Lisbôa Soares Silva e Vinicius Fagundes Marinho Nunes.

se deu pelo fato de eu residir em São Paulo, além de grande parte do acervo ser de documentos nato-digitais, possibilitando atividades à distância. Para tanto, nos servimos de ferramentas como o *FortClient*, programa que possibilita o acesso à distância da rede da FGV, e o Accessus,[7] além de plataformas para a realização de reuniões online e compartilhamento de arquivos, como o *Microsoft Teams*. Essa atividade facilitou o trato com as fontes nato-digitais, pois, diferentemente da documentação impressa, ela pôde ser acessada com segurança à distância. Por outro lado, devemos levar em consideração a especificidade desses *objetos*, pois segundo Jorge Phelipe Lira de Abreu (2018:163):

> As questões dispostas pelo ambiente digital se constituíram como um convite ao reconhecimento da natureza dos arquivos que extrapola sua realidade física. A entrada das tecnologias de informação no âmbito doméstico impõe à teoria arquivística o lançamento de alguma luminosidade sobre os arquivos pessoais, uma vez que sem recursos a identificação e preservação dos documentos pessoais digitais se torna pouco viável. Nesse aspecto, faz-se cada vez mais importante (re)conhecer e discutir seus princípios e conceitos e o que caracteriza um documento de arquivo, as convergências e tensões desse *corpus* teórico no âmbito dos arquivos pessoais.

Partindo desse autor como referencial teórico-metodológico, podemos notar que o trabalho com fontes nato-digitais ainda é embrionário na teoria arquivística. Como uma *novidade*, esses documentos ainda não foram devidamente trabalhados quando nos referimos à catalogação e organização de fundos pessoais, o que não exclui, obviamente, a responsabilidade dos historiadores. Para tanto,

---

7 O Accessus é um sistema de gerenciamento de informações que possibilitou a informatização da organização, descrição e consulta do acervo de Luiza Erundina.

Abreu (2018:177-180) propõe a criação de diretrizes específicas de análise, identificação e preservação de acervos híbridos e digitais.

Para iniciar a identificação das fontes doadas por Luiza Erundina, elaborei uma cronologia sobre sua trajetória de vida a fim de auxiliar a equipe do CPDOC a construir uma proposta de arranjo para o arquivo. Ela possibilitou a catalogação do material, na medida em que permitiu sua identificação da atividade/sujeito que o produziu. Lembrando que a deputada passou por três partidos políticos (PT, PSB e PSOL) e atuou como secretária municipal de Educação de Campina Grande (1958) e presidenta de uma associação profissional (Apassp) (1978), a datação desses documentos serviu para a identificação das suas relações de organicidade. A partir desse trabalho, tivemos a possibilidade de analisar devidamente esse *corpus*, pois a visão de conjunto sobre ele permitiu vislumbrar recorrências e especificidades (como a presença de certas temáticas ou imagens), além da diferença de volume entre os dossiês (pensando na visibilidade que certos eventos tiveram e o motivo que levou a tais discrepâncias). Tendo isso em vista, os trabalhos realizados no CPDOC geraram o seguinte quadro de arranjo (Bellotto, 2006:135) para o fundo Luiza Erundina de Sousa:

Quadro 1
Quadro de arranjo do fundo LES

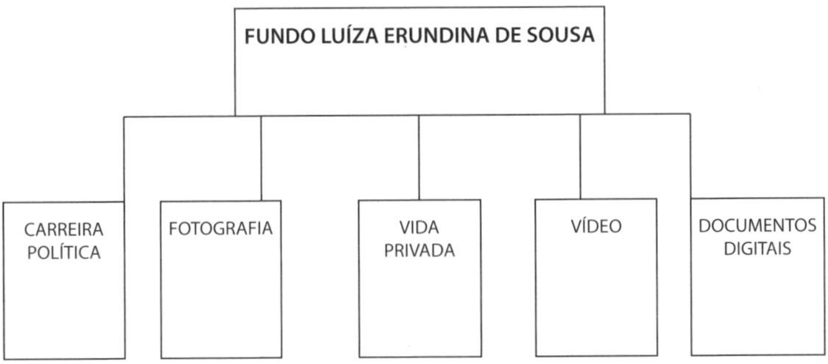

Fonte: O autor.

Os materiais foram agrupados de acordo com a atividade ou cargo ocupado, alocando-os em cinco séries documentais previamente definidas pela equipe (Carreira Política, Documentos Digitais, Vida Pessoal, Vídeo e Fotografia).[8] Tal atividade visou respeitar a ordem original dessas fontes, bem como o *princípio da proveniência*, regra central da arquivística, a qual é definida por Heloísa Bellotto (2006:130) como aquilo que

> consiste em deixar agrupados, sem misturar a outros, os arquivos (documentos de qualquer natureza) provenientes de uma administração, de um estabelecimento ou de uma pessoa física ou jurídica determinada: o que se chama de fundo de arquivo dessa administração, desse estabelecimento ou dessa pessoa. Significa, por conseguinte, não mesclar documentos de fundos diferentes.

Lembramos aqui que um acervo é composto por documentos que representam uma gama de atividades e funções. Nesse sentido, em uma instituição específica, sua hierarquia e divisão internas devem ser levadas em consideração pelos profissionais de instituições arquivísticas, pois auxiliam a refletir sobre os usos e funções originais dos materiais produzidos. Quando tratamos de um fundo privado pessoal, contudo, não falamos de departamentos ou órgãos internos, mas de pessoas, empregos, ações e fatos. Assim, o respeito à ordem original se faz ao considerarmos a maneira como esses arquivos chegaram até nós, ou seja, como eles foram agrupados e preservados pelo seu titular.

---

[8] A título de esclarecimento, a escolha por nomear as séries por tipologia não se deu por acaso, pois obedece a uma metodologia adotada pelo CPDOC há um tempo considerável. Tal opção serve para cruzar dados e facilitar a busca no sistema Accessus. De acordo com a *Metodologia de organização de arquivos pessoais* (CPDOC, 1998:14-15), esse método pode ser utilizado para correspondências, documentos pessoais, produções intelectuais, recortes de jornais, entre outros tipos de documentação.

A partir dessa etapa, pudemos perceber que os vídeos foram feitos para a campanha de 2020 pelo PSOL, momento em que Erundina foi candidata a vice-prefeita na chapa de Guilherme Boulos. Inicialmente, os materiais doados diziam respeito a 109 peças em formato *mp4*, produzidos a partir de câmeras digitais e celulares. Eles estavam dispostos em uma pasta denominada *#Campanha_2020_Finalizados*, que possuía vídeos que tinham entre 9 segundos e 30 minutos de duração. Esta, contudo, estava dividida em outras três subpastas (*#QTMs*, seis vídeos; *#Sextou*, sete vídeos, e *#Finalizados*, com 51 vídeos avulsos e outros 45 distribuídos em sete pastas internas).

A pasta *#QTMs* continha materiais referentes à campanha *Quem tem medo dos sem-teto*, um trabalho no qual Guilherme Boulos visitou ocupações e conversou com seus moradores, a fim de escutar suas demandas, estabelecer um diálogo com o eleitorado e desconstruir preconceitos sobre o Movimento dos Trabalhadores Sem Teto (MTST). Já a pasta *#Sextou* possuía os episódios do programa semanal *#Sextou com a Luiza Erundina*, uma série de vídeos divulgados na internet, nos quais a deputada debateu temáticas como juventude, educação e moradia, além de narrar fatos de sua trajetória política. A ideia de seus produtores foi a de estabelecer um diálogo da deputada com o público jovem, bem como com seu eleitorado, utilizando-se de seus capitais políticos para contribuir com a campanha de Boulos à prefeitura.

Por fim, os 51 vídeos da pasta *#Finalizados* diziam respeito a materiais avulsos produzidos em diferentes conjunturas durante a campanha de 2020. Trata-se de momentos de debate, campanhas nas ruas e encontros com eleitores e movimentos sociais, além de depoimentos de amigos e familiares sobre a trajetória de Guilherme Boulos. Suas sete pastas internas são:

- Pasta 1 (*#Café_com_Liderança*) — sete vídeos referentes a encontros realizados periodicamente com lideranças comunitárias na periferia de São Paulo.

- Pasta 2 (*#Equipe_Tecnicos*) — quatro vídeos de um conselho de especialistas que declarou apoio à chapa Boulos-Erundina.
- Pasta 3 (*ADS_Campanha*) — cinco vídeos de fragmentos de atividades realizadas durante a campanha (reuniões, mobilizações).
- Pasta 4 (*Apoio_Deps*) — 10 vídeos de Boulos declarando apoio a candidatos do PSOL de outras cidades.
- Pasta 5 (*Debate_Previas*) — oito vídeos de debates realizados nas prévias para a escolha dos candidatos do PSOL às eleições de 2020.
- Pasta 6 (*Mobilizações*) — seis vídeos de atos e eventos realizados nas ruas (passeatas, carreatas e bandeiraços).
- Pasta 7 (*Se_vira_nos_50*) — cinco vídeos com trechos de uma dinâmica realizada nas ruas, na qual Boulos respondia perguntas realizadas em 50 segundos.

Essas fontes foram catalogadas na série *Vídeo* do fundo LES, numa sequência que ia de 001 a 109. Contudo, a equipe da deputada enviou mais fontes audiovisuais em 2022, as quais estavam acomodadas dentro dessas mesmas pastas (junto a cópias das fontes que já havíamos organizado). Tratava-se de outros 236 vídeos que iam além da campanha de 2020, contemplando as décadas de 1980, 1990, 2000 e 2010. Entre eles, havia vídeos digitalizados de *jingles* e materiais de campanha, como o programa eleitoral do pleito de 1988 (no qual Erundina se tornou prefeita de São Paulo), além de momentos referentes a campanhas e discursos realizados no Partido dos Trabalhadores (PT) e no Partido Socialista Brasileiro (PSB). Muito provavelmente, essas fontes serviam originalmente para reprodução em videocassetes, mas foram transferidas para outros suportes com o passar do tempo, chegando até nós em HDs externos. Ao final da catalogação dessa nova remessa, contabilizamos 345 vídeos produzidos entre 1988 e 2020.

Jorge Abreu (2018:97-98) mostra como a criação de cópias de trabalho foi essencial para a catalogação e organização desse material em segurança, evitando-se assim riscos à sua integridade e ordem original. Elas ficam armazenadas no servidor da instituição, podendo ser acessadas pela intranet de forma segura, pois há a necessidade de *login* e senha para a utilização dos equipamentos, dados esses que também são necessários no acesso remoto. Vale ressaltar que o formato e a organização originais desses documentos (doc, pdf, entre outros) são mantidos e que eles são copiados para uma pasta com o nome da titular seguida da definição *Pasta de Trabalho*. Essa metodologia faz com que a documentação passe por um *fluxo de custódia* (Abreu, 2018:97-98), ou seja, saia do equipamento da titular, seja copiada para o servidor da FGV e mais uma vez para um outro local, a fim de ser feita a notação para, enfim, ser acessada pelo pesquisador na Casa Acervo. Inspirando-se na estratégia apresentada por Abreu, podemos apresentar o seguinte *fluxo de custódia* para a documentação nato-digital presente no acervo de Luiza Erundina, o qual será explicado na sequência:

Quadro 2
Ordem dos locais em que as fontes nato-digitais do fundo LES foram acondicionadas

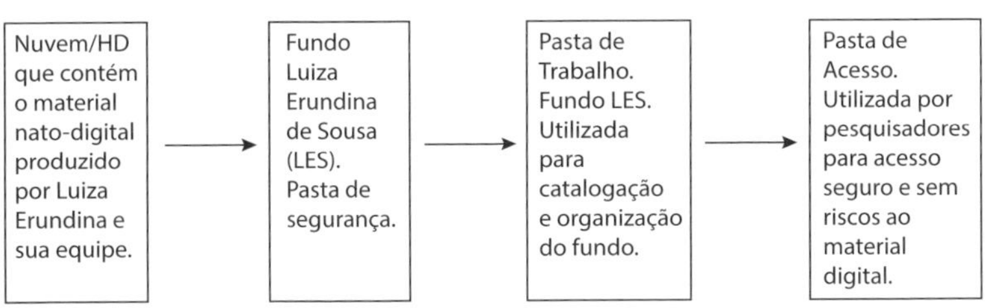

Fonte: Organograma inspirado em Abreu (2018:98).

O organograma mostra as etapas do trabalho de organização ao mesmo tempo que expõe como a ordem original dessas fontes foi respeitada pelo trabalho da equipe do CPDOC. O primeiro nicho diz respeito aos equipamentos da deputada (HDs, computadores, nuvens, e-mails) utilizados como mídias de armazenamento original (mas também aos HDs que serviram de transporte para essas fontes). O segundo, à pasta criada pela equipe do CPDOC para acomodar esse material em sua ordem original, a qual está armazenada no servidor da instituição e possuía acesso restrito durante o trabalho de organização, sendo identificada pelo nome da titular. O terceiro é a cópia de segurança que ela criou para o trabalho de identificação e organização dessas fontes, a partir do qual renomeamos essas fontes de acordo com as regras do CPDOC (1998). Ela era identificada pelo nome da titular seguida do termo *Pasta de Trabalho*, como dito anteriormente. Essa pasta era temporária e servia para podermos realizar a notação com segurança, mas, assim como a original, estava acondicionada no servidor. Após a conclusão do trabalho, ela foi enviada à pasta do Arquivo (segundo nicho), deixando assim de existir. Por fim, o quarto nicho seria o acesso da Casa Acervo. Em termos técnicos, os pesquisadores não acessariam a pasta original do arquivo (segundo nicho), mas apenas seu conteúdo a partir da sala de consulta, garantindo assim a segurança da documentação preservada pelo CPDOC.

Entretanto, algumas especificidades devem ser destacadas em relação ao caso detalhado por Abreu (2018) em sua tese de doutorado.[9] Se no acervo estudado por ele (constituído entre os anos 1990 e 2000) os disquetes e CDs predominavam, já no caso do fundo LES, os HDs externos se tornaram a principal mídia de transporte. Mesmo se pensarmos que parte desses documentos foi armazenada incialmente em suportes como aqueles anteriormente citados, sua mudança para novos equipamentos se tornou a regra, fazendo-nos

[9] Jorge Abreu (2018:20) estudou o arquivo pessoal do escritor e jornalista Rodrigo Souza Leão (1965-2009). Seu acervo foi doado à Casa de Rui Barbosa em 2012 e é identificado pela sigla RSL.

refletir sobre as transformações pelas quais a tecnologia vem passando (e sua rapidez, se levarmos em consideração os anos em que esses dois casos ocorreram: 2009 no fundo RSL e 2019 no fundo LES).

Tal processo também mudou o trabalho de quem organiza o acervo com a possibilidade de acesso à distância. Além do mais, há a facilidade na comunicação e transferência de dados entre a equipe da deputada e o CPDOC. Essa possibilidade já existe com o material digitalizado pelo CPDOC em outros fundos, como é o caso de fotografias disponibilizadas em seu sistema de busca. Assim, reforçamos que as cópias de segurança são de suma importância por garantir que o arquivo disponibilizado pela deputada permaneça em segurança no CPDOC e sem a interferência de terceiros.

Mas, como dito anteriormente, não é somente de fontes nato-digitais que o fundo é composto. Na série Carreira Política (CP) a equipe organizou manuscritos que abarcam o período de 1956 a 2020. Ela está dividida em 19 dossiês que possuem papéis agrupados de acordo com a campanha, mandato ou atividade de Luiza Erundina, totalizando 2.242 documentos. Já a série Vida Privada (VP) contém material físico produzido entre 1946 e 2020, num total de 1.471 documentos. Ela está dividida em sete dossiês que abarcam documentos de identificação pessoal, correspondências, e-mails impressos, certificados, declarações, produções intelectuais, atividades do Coletivo Paulo Freire, materiais produzidos em uma viagem à ONU e rascunhos de textos.

Há também a série Fotografia (847 peças produzidas entre os anos de 1950 e 2018). Esse conjunto documental abarca diferentes esferas da vida de Erundina, como momentos privados em família, retratos utilizados para a produção de material de campanha política ou para o registro nas urnas eletrônicas, comícios nas ruas com sua irmã Lourdes Carvalho, sua assessora Muna Zeyn ou outros militantes dos partidos aos quais se filiou, encontros e congressos, além de imagens de trabalhos realizados nos anos 1950 e 1960.

A série em questão está dividida em 131 dossiês que possuem entre 1 e 79 imagens. Tal disparidade se dá pela organização realizada pelo CPDOC a partir da referência a datas, atividades ou eventos específicos, identificando-se, consequentemente, as relações de organicidade entre essas fontes.

Como dito anteriormente, em 2022, a assessoria da deputada enviou HDs com mais documentação nato-digital. Além da nova remessa de vídeos supracitada, havia arquivos em Word e PDF contendo rascunhos de discursos, notas e reflexões acerca de projetos de lei. Apesar desse *corpus* ter sido produzido por sua atividade parlamentar, a coordenação decidiu por criar a série Documentos Digitais (LES D) para agrupá-los. Nessa etapa, a equipe identificou 349 documentos e criou 45 dossiês, que dizem respeito a eventos ou pastas específicas (previamente criadas pela equipe da deputada). Como escreve Jorge Abreu (2018:110), diferentemente de um livro ou manuscrito físico, esses objetos são visualizados por meio de equipamentos, não necessitando de caixas e armários. Contudo, sua preservação exigirá uma constante atualização de seus formatos para que sigam legíveis pelos *softwares* de apoio. Da mesma forma, o registro de metadados (como data de produção, formato original, tamanho e autoria) servirá como ferramenta para garantir sua autenticidade (Abreu, 2018:70) e registrar a história do próprio fundo, bem como de seus documentos.

Experiência com o fundo

Preocupado com as rápidas transformações sofridas pelas Tecnologias Digitais de Informação e Comunicação (TDIC), Jorge Abreu (2018:108) escreve: "A preservação de arquivos digitais se constitui numa iniciativa urgente em virtude da rápida obsolescência da tecnologia digital no que diz respeito a suportes, formatos e plataformas". Ao propor diretrizes para a resolução de problemas como este, ele afirma que "estabelecer um diálogo permanente com os profissionais de tecnologia da informação nas instituições torna-se inevitável" (Abreu, 2018:180).

Partindo dessa constatação, ressaltamos a contribuição da equipe de Tecnologia da Informação (TI) para o encaminhamento dos trabalhos de identificação e organização do fundo LES. Esse auxílio se deu, em um primeiro momento, quando precisávamos acessar pastas e arquivos à distância, o que nos fez contatá-los por meio dos ramais internos da FGV. A partir desse contato, os técnicos acessavam qualquer computador conectado à rede de intranet da Fundação. Por outro lado, quando o acesso se dava fora de algum prédio da FGV, era necessário instalar *softwares* como o *Anydesk*. A partir desse programa, eles controlavam cursores e tinham a capacidade de criar atalhos a arquivos presentes na rede da FGV. Estes, entretanto, eram abertos por meio de senha criada pelo *FortiClient*, um *software* que gera uma porta de acesso à rede da instituição. Dessa maneira, poderíamos abrir vídeos, textos e fotografias nato-digitais acomodados em equipamentos da FGV. Esse processo garantiu a segurança dos materiais ali acomodados, bem como de todo o sistema, pois evitava o envio de vírus e a corrupção dos arquivos ali presentes.

Vale destacar que o trabalho com o fundo LES também nos obrigou a construir repertórios acerca do tratamento dado a documentos digitais. Como escreve Jorge Abreu (2018:63-70), pesquisadores da arquivologia já vinham se debruçando sobre essa questão e perceberam a falta de reflexões sobre o tema, principalmente no que diz respeito à sua confiabilidade, autenticidade, preservação e custódia, gerando duas questões centrais: a *identidade* e a *integridade* desses documentos. Ao mesmo tempo, haveria a possibilidade de alteração do seu conteúdo, gerando a necessidade de buscarmos formatos e suportes seguros. Segundo Abreu (2018:110):

> A conversão de formatos traduz-se, portanto, em uma ação fundamental no ambiente digital tanto para efeitos de preservação, no que tange a manter os documentos em formatos atuais e reproduzíveis, como de acesso. Isso porque há formatos que permitem a fácil alteração do documento e outros muito pesados que dificultam sua visualização. Há situações em que os formatos coincidem, isto é, o mesmo formato serve tanto para preservação como para acesso. É o caso do pdf/a para o qual, atualmente, devem ser convertidos todos os documentos textuais em formato doc, uma vez que este último permite a fácil alteração, lícita ou ilícita, dos mesmos.

Entretanto, ele escreve que o Conselho Nacional de Arquivos estipula que

> "algumas estratégias de preservação digital, baseadas na conversão de formatos, implicam alteração das cadeias de bits" (CONARQ, 2012:2). Desse modo, "essa alteração deve manter a forma do documento originalmente produzido, e com isso apoiar a autenticidade do documento digital" (CONARQ, 2012:2). Para tanto, faz-se necessário o esclarecimento de que o documento arquivístico digital consiste em um objeto conceitual, ou seja, "aquele normalmente apresentado em dispositivo de saída (monitor, caixa de som), e não o objeto físico (as cadeias de bits registradas em um suporte). As cadeias de bits são necessárias para que o documento arquivístico seja apresentado, mas não se constituem nesse documento" (CONARQ, 2012:2). Nesse sentido, a escolha dos formatos não pode alterar as características de forma fixa e conteúdo estável. Paquet (2000:85) sugere que o trabalho de conversão deve ser feito em consulta com o arquivista a fim de preservar o maior número possível de detalhes do arquivamento do documento (data, acentos ou outros sinais de linguagem, forma, conteúdo, etc.) com os recursos disponíveis [Abreu, 2018:110].

Apesar das preocupações, Abreu (2018:70) mostra que os metadados presentes em arquivos digitais e a análise das relações existentes entre esses *objetos* acabam auxiliando na sua avaliação e seleção, ou seja, o trabalho de organização e descrição serviria, em certa medida, como um atestado coletivo de autenticidade. Mas, mesmo assim, questionamos: como essas reflexões aparecem no trabalho com o fundo LES?

Primeiramente, os títulos originais dos vídeos foram descritos na ficha de catalogação. No espaço destinado a informações internas, esse nome ajuda os profissionais do CPDOC a identificarem possíveis usos e mesmo o formato original dessas fontes. Esse levantamento foi necessário, pois na pasta de trabalho acabamos por renomear as fontes com a sigla do fundo, a série a que pertence e o número individual do documento ou dossiê, seguindo as regras apresentadas na *Metodologia de organização de arquivos pessoais* do CPDOC (1998). Para tanto, seguiu-se a prerrogativa metodológica de realizar a notação desse material, fazendo com que um vídeo intitulado *discurso erundina na band.mp4* passasse a ser identificado como *LES vídeo 345*; outro que se chamava *SCE_#01_YT* passou a ser *LES vídeo 001.*[10] Além de resguardar a originalidade da fonte, a preservação de seus nomes apresenta suas relações internas (seja seu uso em campanha ou como rascunho). Por fim, vale mencionar que, assim como defendido por Jorge Abreu, os documentos textuais digitais do fundo LES foram convertidos para o formato *pdf/a*, a fim de proteger seus dados e a originalidade das informações ali presentes. No caso dos vídeos, a preservação dos seus títulos originais tornou possível identificar a presença da sigla YT em uma

---

10 A finalidade desse processo é agrupar e organizar os documentos de acordo com a relação existente entre eles, facilitando a identificação e o acesso a eles pela equipe e pelos pesquisadores. Para tanto, utilizam-se as iniciais do titular do acervo (utilizadas para a identificação do fundo), seguidas da série e o número do dossiê onde o documento está inserido (CPDOC, 1998).

parcela expressiva desses documentos, fazendo-nos inferir que seriam destinados para o *Youtube*. Tal reflexão é pertinente, pois a internet se torna arena de disputa política (Roza, 2016), impactando na maneira como a deputada produz evidências do seu trabalho.

Outra informação que pode ser extraída dos títulos originais são nomes de pessoas e locais onde esses vídeos foram filmados, como podemos notar em *discurso erundina na band.mp4* (LES vídeo 345). Há também fontes como *Cafe_zona_ZS_Final* (LES vídeo 053), detalhando que se tratava de um encontro realizado na Zona Sul de São Paulo durante a campanha de Boulos à prefeitura no ano de 2020, ou *2. Inaugurações — Administração Regional de Campo Limpo.avi* (LES vídeo 127), o qual é uma filmagem de evento de entrega de áreas de lazer no bairro em questão durante o mandato de Erundina como prefeita de São Paulo (1989-92).

O uso de *hashtags* também é sintomático do período de produção desses vídeos, pois se trata de uma ferramenta utilizada para a localização rápida de conteúdo, refletindo, consequentemente, na linguagem escrita. Assim, não surpreende que algumas fontes possuam o símbolo em questão (#) em seus títulos. O próprio programa semanal citado neste artigo tem a *hashtag* como símbolo. No início dos episódios de *#Sextou com a Erundina*, a deputada faz um gesto que remete a ela, o que não surgiria, por exemplo, em uma campanha nos anos 1980, ou pelo menos com o mesmo significado.

Outro fato sintomático desse processo de massificação das TDIC é a presença de fotografias digitais em seu fundo. Entre os arquivos enviados em HDs, a equipe da deputada doou um conjunto de imagens, as quais se somaram aos textos e vídeos que já estavam sob os cuidados do CPDOC. Com o surgimento das câmeras digitais e, na sequência, dos *smartphones*, tornou-se mais fácil registrar rostos, lugares e paisagens. Trata-se do mesmo processo ocorrido com os vídeos: a multiplicação de fontes audiovisuais decorrente do acesso a equipamentos eletrônicos. Além do mais, devemos atentar

Figura 1
Abertura do programa *#Sextou com Erundina*
(LES vídeo 001)

Fonte: www.youtube.com/watch?v=VrG7T7mGb7o&t=16s. Acesso em: 31 maio 2023.

para os usos que suas imagens tiveram (e têm) em sua vida, pois elas não dizem respeito somente ao cotidiano de sua proprietária, mas à construção de uma imagem pública e ao estabelecimento de relações de identidade com um público específico. A autora Aline Lopes de Lacerda (2013) reforça essa questão ao escrever que devemos identificar as funções que as fotografias exerceram na vida de seu proprietário para compreendermos suas relações com outros documentos e, consequentemente, sua organicidade.

Partindo dessa perspectiva, reforçamos que elas são construídas a partir do diálogo entre quem opera a câmera e quem posa (Granet-Abisset, 2002). Assim, ângulos, expressões e enquadramentos não são dados ocasionais, mas sim frutos de intencionalidades pessoais/grupais. Lembrando que em diversas ocasiões ela foi acusada de rigidez, uma das estratégias do PT na campanha de 1988 foi apresentá-la como uma pessoa simpática ou serena, estratégia que ressurgiu em outras ocasiões (LES foto 003; LES foto 004). Há também a necessidade de expressar poder, o que pode ter sido a intenção do fotógrafo, do PT ou da própria Erundina, quando ela posou com expressão de seriedade e olhando diretamente para a câmera (Barrero Junior, 2021).

Figura 2
Diferentes expressões em diferentes momentos

Fonte: LES foto 003.

Figura 3
Mais uma vez

Fonte: LES foto 004.

Outras fotografias que podem ser utilizadas para analisar a construção da *persona* pública de Luiza são os retratos com autoridades e personalidades como Nelson Mandela (LES foto 055), dom Paulo Evaristo Arns (LES foto 115) e Luiz Inácio Lula da Silva (LES foto 111). Nesses três casos, as fotografias foram ampliadas, enquadradas e, por fim, expostas em seu escritório à vista de todos. Como objetos que não tinham somente um caráter estético, eles serviriam como *monumentos* de uma trajetória política. Seus usos não diziam respeito somente ao registro oficial, mas tinham caráter mnemônico, pois foram recolocadas em novos suportes para ganhar destaque, produzindo, gerindo e *enquadrando* uma narrativa linear sobre uma vida (Bourdieu, 2015; Pollak, 1989). Ao chegarem ao CPDOC, foram acondicionadas na Casa Acervo e, devido às suas dimensões, direcionadas à mapoteca.

Figura 4
Retratos em formato de quadro que foram acondicionados na mapoteca da Casa Acervo

Fontes: LES foto 055; Les foto 115; Les foto 111.

Dessa maneira, reiteramos que há a interferência de intencionalidades pessoais na organização de alguns materiais e que esse processo é delimitado temporalmente. Contudo, não estamos dizendo aqui que isso se aplica a todo o fundo, mas a parte específica dele. Ao escolher aquelas fotografias e não outras, Erundina atendia a anseios pessoais (como momentos que ela possivelmente gostaria de relembrar) e coletivos (ao fazer com que as pessoas que a visitassem lembrassem daqueles eventos de sua carreira, reforçando identidades políticas ou individuais). A ideia de sua proprietária não seria de enquadrá-las para arquivá-las, mas para preservar memórias pessoais/afetivas (Corrêa, 2017; Abreu, 2018), produzindo assim uma imagem "de si, para si e para os outros" (Pollak, 1992).

Considerações finais

Se a experiência com a pesquisa em torno da trajetória de vida de Luiza Erundina foi uma viagem por mares desconhecidos, a ida ao seu arquivo pessoal (e, em especial, as fontes compostas por *bits*) me fez descobrir ilhas que mudaram significativamente o roteiro traçado até então. Ter acesso a documentação que não conhecia até a defesa da minha tese doutoral em 2021 ampliou meu leque de possibilidades de pesquisa, mas impôs novos desafios, pois, apesar de ter analisado materiais de redes sociais e vídeos da campanha de 2016, não possuía repertório o suficiente para refletir sobre as fontes nato-digitais. Se os manuscritos se multiplicaram num determinado momento, o fato de a deputada seguir atuando na política institucional faz com que a produção de registros de sua vida siga se avolumando, seja nas plataformas online ou não.

É verdade que a documentação presente no CPDOC foi trazida por HDs e que seu volume provavelmente irá aumentar, na medida em que a equipe de Luiza Erundina optar por doar mais documentos. Também sabemos que esse *corpus* não reflete a totalidade da atuação da deputada no ambiente virtual, pois ela possui páginas no Facebook, no Instagram e no Twitter, as quais também servem de repositório para aquilo que ela produz em seu trabalho como parlamentar. Nesse sentido, toda a sua equipe se torna responsável não apenas por alimentar a rede, mas também por preservá-la, na medida em que esses veículos de comunicação permitem ao proprietário ser seu próprio arquivista (McKemmish, 2013).

É comum ouvir questionamentos acerca das diferenças entre documentos digitalizados e nato-digitais. Parece óbvio, mas não é, pois essas fontes ainda são uma *novidade* entre os historiadores. Estávamos acostumados a trabalhar com diferentes suportes documentais (inclusive fotografias e vídeos), mas não com um material composto por algoritmos e *bits*. Nesse sentido, a reflexão em torno da sua unicidade e da originalidade se torna necessária para conseguirmos estabelecer um método de análise desses documentos. Assim, questiono: como trabalhar com algo que não possui um suporte físico? Creio que em primeiro lugar é preciso atentar para sua especificidade (um produto que possui metadados e um formato de leitura). Também, considerar se a fonte está em doc, docx ou pdf é essencial para datarmos esses arquivos, na medida em que o formato original diz muito sobre o momento de sua produção. Por exemplo, um documento originalmente construído em docx foi produzido a partir da década de 2000, enquanto outro em doc pode ter sido escrito nos anos 1990. Por outro lado, caso a fonte tenha sido convertida, a preservação dessa informação (bem como quando isso foi realizado, por quem e o histórico de alterações sofridas) torna-se necessária, como realizado pela equipe do CPDOC no fundo LES e pela da Fundação Casa de Rui Barbosa no fundo RSL (Abreu, 2018).

Vale lembrar também os enquadramentos, linguagem, tempo de duração e composição dos vídeos, pois diferentemente do que era feito para a televisão, vemos que a internet possui um formato próprio, que dinamiza e multiplica informações em grande velocidade. Esse processo acaba fazendo, inclusive, com que a comunicação seja mais direta, mas, pensando no caso de Erundina, se torna também uma estratégia para ampliar a exposição de sua imagem ao libertá--la do tempo de rádio e televisão. Não pretendo aqui definir regras ou métodos, mas levantar possibilidades sobre o trabalho com as fontes nato-digitais. Se a transmissão de ideias e agendas políticas era realizada por meio de cópias mimeografadas e máquinas de xerox, o compartilhamento de imagens e textos nos lembra que a internet é outro campo de disputa (Roza, 2016) que não deixa de se apropriar daquilo que é dito ou realizado na rua, mas que ao mesmo tempo molda e influencia os sujeitos.

O desafio agora não é apenas compreender como devemos/podemos analisar tais acervos, mas como organizá-los e preservá-los. Todas as pessoas que tenham interesse de trabalhar com sujeitos da história do tempo presente terão de construir repertórios acerca do mudo digital. Portanto, cabe a nós, hoje, refletirmos sobre nossos limites e possibilidades, a fim de que não caiamos numa análise ingênua que acabe por tratar o nato-digital como aquilo com que já estávamos acostumados, mas que ao mesmo tempo não gere insegurança em quem venha a se debruçar sobre ele. O fundo LES é híbrido (possui fontes impressas, manuscritas e digitais), mas ainda cabe algumas provocações: como lidaremos com um arquivo totalmente nato-digital? E com as redes sociais? Como elas se inserem num acervo nato-digital? Somente o tempo nos dirá.

Referências

ABREU, Jorge Phelipe Lira de. *Existir em bits:* arquivos pessoais nato-digitais e seus desafios à teoria arquivística. São Paulo: Associação de Arquivistas de São Paulo, 2018. (Série Thesis 4).

BARRERO JUNIOR, Roger Camacho. De onde eu venho, qual o meu passado e o que eu quero para o meu futuro? Memórias e identidades de Luiza Erundina de Sousa (1934-). *Temporalidades*, v. 11, n. 3, p. 272-293, set/dez. 2019.

______. *Entre lágrimas, sorrisos e muita luta*: a inserção das mulheres nos espaços políticos do Brasil por meio das trajetórias de três militantes de esquerda — Lélia Abramo (1911-2004), Luiza Erundina de Sousa (1934-) e Irma Passoni (1943-). Tese (doutorado) — Instituto de Filosofia e Ciências Humanas, Universidade Federal do Rio Grande do Sul, Porto Alegre, 2021.

BELLOTTO, Heloísa Liberalli. *Arquivos permanentes*: tratamento documental. 4. ed. Rio de Janeiro: Editora da FGV, 2007.

BOURDIEU, Pierre. A ilusão biográfica. In: AMADO, Janaína; FERREIRA, Marieta de Moraes (Org.). *Usos & abusos da história oral.* Rio de Janeiro: Editora da FGV, 2015. p. 183-191.

BRITTO, Augusto César Luiz; CORRADI, Analaura. Considerações teóricas e conceituais sobre arquivos pessoais. *Ponto de Acesso*, Salvador, v. 11, n. 3, p. 148-169, 2017.

CAMARGO, Ana Maria de Almeida. Arquivos pessoais são arquivos. *Revista do Arquivo Público Mineiro*, Belo Horizonte, v. 45, n. 2, p. 26-39, 2009.

CENTRO de Pesquisa e Documentação de História Contemporânea (CPDOC). *Metodologia de organização de arquivos pessoais*: a experiência do CPDOC. Rio de Janeiro: Editora da Fundação Getulio Vargas, 1998.

CORRÊA, Priscila Ribeiro Marques. *Documentos fotográficos em arquivos pessoais*: organização, especificidades e importância para a construção da memória. Trabalho de conclusão de curso (graduação em arquivologia) — Universidade Federal do Estado do Rio de Janeiro, Rio de Janeiro, 2017.

DIAS, Maria Odila Leite da Silva. *Quotidiano e poder em São Paulo no século XIX*. São Paulo: Brasiliense, 1995.

DUCROT, Ariana. A classificação dos arquivos pessoais e familiares. *Estudos Históricos*, Rio de Janeiro, v. 11, n. 21, p. 151-168, 1998.

FRACCARO, Gláucia. *Os direitos das mulheres*: feminismo e trabalho no Brasil (1917-1937). Rio de Janeiro: Editora da FGV, 2018.

FRAIZ, Priscila. A dimensão autobiográfica dos arquivos pessoais: o arquivo de Gustavo Capanema. *Estudos Históricos*, Rio de Janeiro, v. 11, n. 21, p. 59-88, 1998.

GINZBURG, Carlo. *O queijo e os vermes*: o cotidiano e as ideias de um moleiro perseguido pela Inquisição. São Paulo: Companhia das Letras, 2017.

GRANET-ABISSET, Anne Marie. O historiador e a fotografia. *Projeto História*: Revista do Programa de Estudos Pós-Graduados de História, v. 24, p. 9-16, 2002.

GRENDI, Edoardo. Microanálise e história social. In: OLIVEIRA, Mônica Ribeiro; ALMEIDA, Carla Maria Carvalho de (Org.). *Exercícios de micro-história*. Rio de Janeiro: Editora da FGV, 2009.

HEYMANN, Luciana Quillet. Indivíduo, memória e resíduo histórico: uma reflexão sobre arquivos pessoais e o caso Filinto Müller. *Estudos Históricos*, Rio de Janeiro, v. 10, n. 19, p. 41-60, 1997.

______. Os "fazimentos" do arquivo Darcy Ribeiro: memória, acervo e legado. *Estudos Históricos*, Rio de Janeiro, v. 2, n. 36, p. 43-58, 2005.

______. Arquivos pessoais em perspectiva etnográfica. In: TRAVANCAS, Isabel; ROUCHOU, Joëlle; ______ (Org.). *Arquivos pessoais*: reflexões multidisciplinares e experiências de pesquisa. Rio de Janeiro: Editora da FGV, 2013. p. 67-76.

LACERDA, Aline Lopes de. A imagem nos arquivos. In: TRAVANCAS, Isabel; ROUCHOU, Joëlle; HEYMANN, Luciana

Quillet (Org.). *Arquivos pessoais*: reflexões multidisciplinares e experiências de pesquisa. Rio de Janeiro: Editora da FGV, 2013. p. 55-66.

LEVI, Giovanni. Sobre a micro-história. In: BURKE, Peter (Org.). *A escrita da história*: novas perspectivas. São Paulo: Editora da Unesp, 1991. p. 133-161.

MAUAD, Ana Maria; BRUM, Marcos Felipe de. História e fotografia. In: CARDOSO, Ciro Flamarion; VAINFAS, Ronaldo (Org.). *Novos domínios da história*. Rio de Janeiro: Elsevier, 2012. p. 263-281.

MCKEMMISH, Sue. Provas de mim... Novas considerações. In: TRAVANCAS, Isabel; ROUCHOU, Joëlle; HEYMANN, Luciana Quillet (Org.). *Arquivos pessoais*: reflexões multidisciplinares e experiências de pesquisa. Rio de Janeiro: Editora da FGV, 2013. p. 15-34.

PINTO, Celi Regina J. Uma mulher "recatada": a deputada Suely de Oliveira (1950-1974). *Topoi*, Rio de Janeiro, n. 29, p. 565-587, jul./dez. 2014.

______; SILVEIRA, Augusta. Mulheres com carreiras políticas longevas no legislativo brasileiro (1950-2014). *Opinião Pública*, Campinas, v. 24, n. 1, p. 178-208, 2018.

POLLAK, Michael. Memória, esquecimento, silêncio. *Estudos Históricos*, Rio de Janeiro, v. 2, n. 3, p. 3-15, 1989.

______. Memória e identidade social. *Estudos Históricos*, Rio de Janeiro, v. 5, n. 10, p. 200-215, 1992.

ROZA, Erick. Transformações e permanências no netativismo: o exemplo do Raiz Movimento Cidadanista. In: SIMPÓSIO NACIONAL ABCIBER, IX, 2016, São Paulo.

Arquivos pessoais e elites políticas: uma abordagem digital para o estudo do Brasil rural na Era Vargas

Juliana Marques

Arquivos pessoais para estudar elites

"A sociologia e as ciências sociais no Brasil possuem relativamente poucas pesquisas e obras sobre a classe dominante brasileira e suas elites. [...]", comenta, no Twitter,[1] um estabelecido estudioso de famílias políticas. Em análise de âmbito global sobre as elites políticas como tópico de pesquisa nos campos da sociologia política e da ciência política, entre 1958 e 2021, Codato e colaboradores (2021) registram que o número de publicações tem aumentado desde a década de 2010, mas são poucos os trabalhos sobre elites brasileiras.

Neste capítulo, discuto as vantagens da utilização de arquivos pessoais como fontes de pesquisa sobre elites políticas e, por meio de um estudo de caso com o arquivo pessoal do militar e político Juarez Távora, também argumento em favor da utilização de métodos computacionais para explorar essas fontes históricas.

Divido a reflexão em três seções e uma conclusão. Nesta introdução, fundamento a proposta deste capítulo a partir de agendas atuais de pesquisa sobre elites e, em especial, sobre a sua relação com recursos de poder e (re)produção de (des)igualdades. Na se-

1 O *tweet*, de 20/12/2022, é de Ricardo Costa de Oliveira, professor titular de sociologia da Universidade Federal do Paraná (UFPR). O fio tem outros quatro *tweets*. Agradeço o autor pela reflexão em rede social, que inspirou este recorte.

gunda seção, falo de mudanças na própria definição e centralidade de arquivos pessoais para argumentar que os ventos atuais trazem diversas possibilidades de tratamento da documentação digital, impactando profundamente a pesquisa social, desde a etapa de acesso às fontes, passando pela nossa capacidade de busca e de indexação, e, finalmente, trazendo novidades nas formas de análise e de engajamento com os resultados da pesquisa. Na terceira parte, discuto mais detidamente como utilizar recursos computacionais na análise de um arquivo pessoal contribui para o estudo do Brasil rural nos anos 1930. Na conclusão, resumo os principais argumentos de cada seção.

Relevância da agenda de pesquisa com elites

Desde os anos 1960 e 1970, consolida-se um movimento epistemológico e político que desafia abordagens acadêmicas tradicionais e dá centralidade a grupos subalternizados e marginalizados, na sua agência, resistência e visão de mundo. Novas vozes, fontes e metodologias vieram responder à necessidade de fazer uma ciência social mais inclusiva e multidimensional. Ao logo do processo, perspectivas marxistas, feministas, pós-coloniais, globalistas, decoloniais, entre outras, reposicionaram e diversificaram os focos de análise.[2] Embora *démodé*, estudar elites continuou relevante porque compreender como operam, como tomam decisões e como exercem sua influência é crucial para entender as estruturas de poder e as dinâmicas que moldam a sociedade,[3] incluindo aquelas relacionadas com gênero, raça, sexualidade, lógicas coloniais de dominação e variações do capitalismo.

2 Lugones (2014); Ballestrin (2013); Pérez (1999); Certeau (1994); Pollak (1989).

3 Perissinotto (2012); Hollanda (2011); Grynszpan (1999).

Sem dúvida, as elites brasileiras têm sido objeto de estudo a partir de diferentes métodos e fontes empíricas, como os próprios arquivos pessoais,[4] além de *surveys*, entrevistas em profundidade ou de história oral,[5] etnografias e trabalho de campo,[6] bancos de dados estatísticos,[7] material de imprensa e levantamento de informações públicas no geral.[8] Coleções de arquivos públicos, organizações civis, de classe ou religiosas, além de obras autorais, biografias e registros memorialistas[9] também figuram no campo. Estudos com elites têm, portanto, uma tradição longa, rica e diversa, ainda que não tão abundante.

Uma agenda contemporânea aponta a necessidade de mais pesquisa empírica, de modo geral, e, sobretudo, sobre aspectos extraeconômicos das percepções e do repertório de ação das elites,[10] pois ainda é comum a presunção de que elas compõem um grupo bem definido e homogêneo, movido por interesses estratégicos comuns, capaz de organizar-se sem grandes limitações e agir coletiva e coordenadamente para garantir vantagens econômicas. Outra premissa, em geral pouco questionada, é a de que aspectos culturais e constrangimentos estruturais são pouco importantes para se entender seu comportamento. Ambas apontam para uma visão ainda imprecisa sobre a composição e o poder das elites.

---

4 Não trago uma quantificação do uso de arquivos pessoais em estudos sobre elites e o Estado, mas a literatura discutida até agora aponta que são, em geral, pouco consultados. A busca pelas palavras arquivos e pessoais (tanto plural como singular) na base Scielo Brasil, em 21/8/2023, considerando todos os índices da busca e sem filtros, resultou em 56 artigos indexados na área de Humanidades que utilizam arquivos pessoais como fonte. Britto e Padoin (2023); Carvalho (2021); Heymann (2012; 1997); Abrêu (2011); Bomeny (2001); Fraiz (1998).

5 Silva e López (2015); Power e Zucco Jr. (2012); Reis (2011); CPDOC (2011).

6 Oliveira (2015); Souza Lima (2012); Kuschnir (2000).

7 Souza (2018); Medeiros, Souza e Castro (2015); Costa et al. (2015); Diniz e Boschi (2003).

8 Batista e Lopez (2020); López (2016); Carvalho (2003); Alonso (2002).

9 Spohr (2020); Ferreira (2013); Heinz (2006); Miceli (2009; 2001); Mendonça (1997).

10 López et al. (2020); Cousin, Khan e Mears (2018); Khan (2016).

Em adição, as Humanidades Digitais (HD) impulsionam novas questões e abordagens analíticas, além de ampliarem o acesso a dados de pesquisa, tanto nato-digitais como digitalizados.[11] Essa novidade, que ganhou força no Brasil nos últimos 10 anos, contribui para amenizar um problema crônico nos estudos sobre elites: a dificuldade de acesso à informação. Com o aumento de acervos online a respeito das elites do passado e de diferentes partes do globo e a disponibilidade de maior volume de informações sobre as elites do presente, especialmente via mídias digitais e legislações de transparência governamental, sentimos a necessidade de lançar mão de ferramentas digitais para encontrar, organizar, analisar e dar sentido a essa crescente base empírica.

Meu argumento mais amplo é o de que arquivos pessoais[12] são fontes privilegiadas para acessar o nexo entre elites e poder, sejam elas do mundo da política, dos intelectuais ou das artes[13] (Castro, 2008; Camargo, 2009), e que o uso de métodos automatizados e a leitura distante amplificam nossa capacidade de análise de modo geral, sendo útil aplicá-los também a fontes históricas tradicionais digitalizadas, conforme desenvolvo em Marques (2023; 2021).

Arquivos pessoais, que usualmente apresentam predominância de alguns tipos documentais, como correspondências, diários, anotações, estudos, produção intelectual, discursos escritos (e seus rascunhos), abrem caminhos para responder diferentes questões de pesquisa com elites, muitas delas exploradas em Perissinotto e Codato (2015) a partir de outras escolhas de método e de dados, sem referência direta à utilização de documentação pessoal. As di-

---

11 Fiormonte, Chaudhari e Ricaurte (2022); Ribeiro, Higuchi e Ferla (2020); Lucchesi e Carvalho (2016).

12 Arquivos pessoais se definem por conjuntos documentais acumulados por pessoas físicas ao longo da vida.

13 Elites econômicas são mais difíceis de definir do que elites políticas, militares, profissionais etc. e contam com ainda menos estudos empíricos. Para distintas abordagens, ver Costa et al. (2015); Lamont (1992); Diniz (1978).

mensões simbólica, relacional e organizacional estão presentes em papéis privados, com cartas que revelam afetos e desafetos, documentos de registro e de afiliação que demarcam ritos institucionais e pertencimentos sociais (a um partido, a uma igreja, a um clube) etc. Em deslocamentos entre o macro e o micro, o trabalho com arquivos pessoais nos permite investigar como estruturas sociais e instituições constrangem ou facilitam a ação coletiva de elites, com atenção à interseccionalidade de fatores de hierarquização, o que pode gerar *insights* sobre a (re)produção de dinâmicas de dominação e de desigualdades.

Iumatti e Nicodemo (2018) destacam o potencial desse tipo de fonte para o estudo de alguns temas específicos, entre os quais destaco dois: o das redes sociais evidenciadas pela documentação e o da relação entre memória e história. Questões a serem exploradas relacionam-se, portanto, à construção da memória de si e de memórias coletivas, e a vestígios do passado lidos a partir do presente. Destaco, ainda, que objetivos possíveis incluem: o mapeamento de oportunidades e ameaças, alianças e conflitos entre grupos de elites; características pessoais e sociais de agentes-chave em processos políticos (origem, trajetória, recrutamento); recursos de poder para a ação; a conexão entre ações, valores e atitudes.

No caso de arquivos de elites políticas, integrantes dos poderes Executivo, Legislativo e Judiciário, e também líderes políticos de modo geral, como ministros, chefes de partidos políticos e mesmo burocratas de alto escalão, vê-se uma oportunidade especial de estudar a máquina do Estado e, inclusive, políticas públicas, porque oferecem uma visão íntima e interna das narrativas, atividades e decisões tomadas por indivíduos situados, possibilitando que informações de bastidores e modos de sentir sejam colocados sob escrutínio. Em contraste com os debates parlamentares, a cobertura da mídia e os materiais produzidos para circularem publicamente, a documentação pessoal confere muito mais liberdade aos membros das elites, que escolhem os assuntos sobre os quais desejam falar e guardar, e assim imprimem marcas de subjetividade.

O arquivo pessoal como fonte é, enfim, "um campo estratégico para a exploração de um tema 'clássico' nas ciências sociais, qual seja, o da relação entre indivíduo e sociedade" (Heymann, 1997:42). Em suma, podemos encarar esses documentos como resultados e partícipes de processos ideológicos e institucionais de dominação, de concepção e implementação de políticas e, por isso mesmo, é que eles se tornam oportunos para a pesquisa sobre elites e da sua relação com o Estado (ou com o poder, de forma mais ampla).

Arquivos pessoais em compasso de mudança

Por séculos, categorias como "fonte histórica" e "documento histórico" estiveram vinculadas a registros produzidos por elites, obedecendo a hierarquias rígidas de produção do que era considerado relevante e digno de ser lembrado. Em sistemas patrimonialistas, a própria noção de "arquivo" equivalia ao arquivo mantido por monarcas e senhores, sem haver uma separação clara entre documentação pública e documentação privada dos governantes. No contexto de formação do Estado nacional moderno e ao longo do século XIX, o "arquivo público de Estado" e a burocracia pública moderna se fortaleceram como "tecnologias de poder", na acepção foucaultiana, moldando percepções e estabelecendo procedimentos que hierarquizam, discriminam, incluem e excluem sujeitos e temas.[14]

Nos anos 1970, arquivos familiares e de pessoas se popularizaram como fontes de pesquisa, sobretudo na França (Vidal, 2007; Prochasson, 1998), muito embora os manuais franceses de arquivologia dos anos 1920 já mencionassem a existência de arquivos constituídos por

14 Marino, Silveira e Nicodemo (2020); Foucault (1999); Garcia (1998).

indivíduos (Heymann, 2009). No Brasil do mesmo período, com a criação da pós-graduação, o uso de fontes alternativas na pesquisa histórica e social também se expande, não apenas seguindo uma tendência internacional, mas em diálogo com a própria tradição nacional, que concede a Gilberto Freyre a vanguarda na utilização de fontes alternativas de pesquisa sobre a sociedade brasileira, tendo em vista que seu livro *Casa-grande & senzala* (2001), de 1933, é largamente apoiado em arquivos familiares, relatos orais, memórias pessoais e observações diretas. Blank (2013) e Belloto (1998) registram a década de 1990 como a de consolidação desse movimento, consagrando a guarda de arquivos de pessoas com atuação pública de destaque, geralmente por conta de sua atuação profissional ou política.

Os processos de seleção de fontes documentais para a análise social e a escrita da história estão mudando radicalmente. Hoje, pressões democratizadoras aliadas a tecnologias digitais estão alargando e diversificando o conjunto de arquivos pessoais disponível para a pesquisa, como vemos em discussões sobre arquivos comunitários e sobre o potencial de dados e coleções digitais para a produção e disseminação de memórias coletivas e individuais.[15]

A tendência mais forte é a de colaboração entre pesquisadores e grupos populares, no confronto de narrativas históricas a partir da construção de *hiperlinks*,[16] ou seja, da valorização de conexões entre informações de múltiplas fontes, online e offline, produzidas por instituições e por pessoas comuns. Mesmo que as coleções consolidadas em instituições de guarda continuem a existir e a constituir material para reflexão e construção do conhecimento, a própria definição de arquivos pessoais está em processo de mudança,

---

15 Hall e McGuire (2023); Spohr (2023); Gianolla, Raggi e Querol (2022).

16 Utilizo o termo em sentido figurado, sem querer dizer precisamente *hiperlinks* na web.

de novo, e passa a incluir até mesmo traços da vida digital, como coordenadas de GPS e metadados associados a atividades online, o que suscita questionamentos éticos, políticos e de cunho tecnológico com impacto direto em políticas de constituição e reúso de coleções (dados) pessoais. Rota e Nicodemo (2023:271) destacam, de forma muito pertinente, que "O que consideramos arquivos pessoais no século XXI, como anotações, fotos e mensagens, são conteúdos armazenados por grandes corporações especializadas em *big data*".

O ponto central é que arquivos pessoais mudam à medida que nós mudamos enquanto sociedade, mas há algo de singular que os une em uma mesma categoria. Tanto os patrimonializados em instituições de memória quanto os mantidos por iniciativas particulares são evidências de memórias, pertenças sociais, eventos e atos, que nos permitem perscrutar o nexo entre o íntimo e o coletivo, a singularidade e a coletividade, o passado e o presente, "de forma profunda e sensorialmente convincente" (Meneses, 1998:90).

Coleções digitalizadas e métodos computacionais

Em 2022, 68% dos museus no Brasil já haviam digitalizado parte de seu acervo. Para arquivos e pontos de cultura, a porcentagem de instituições que disponibilizaram coleções digitalizadas na internet é de 43% e 53%, respectivamente (Cetic.br, 2023). O crescimento da digitalização de bens culturais é uma tendência que vem acompanhada do desenvolvimento e aplicação de tecnologias digitais para a guarda e a difusão desse material. Em Marques (2023), discuto 11 projetos que mobilizam acervos digitais de forma inovadora, utilizando dados de diferentes tipos (textos, imagens, sons, coordenadas geográficas etc.). Aqui, discuto experiência acumulada com projetos utilizando arquivos pessoais do Centro de Pesquisa e Documentação de História Contemporânea do Brasil (CPDOC).

A disponibilização de grandes volumes de documentos de interesse histórico-cultural em meio digital, em regra, presume a criação de um banco de dados que, como toda ferramenta de organização e recuperação de informação, também opera sob regimes de poder, de silenciamento e de evidenciação de vozes e recortes de uma realidade que, mesmo limitada pela fonte material que se digitaliza, ainda admite variedades de enquadramento. É flagrante de uma época, por exemplo, que descritores de gênero não tenham sido utilizados na organização de muitos arquivos, o que acarreta limitações de busca hoje evidentes.

A mesma ressalva pode ser feita em relação à seleção e ao acúmulo dos itens que compõem um arquivo em si. Embora sejam múltiplas as mediações da subjetividade e do arbitrário cultural em processos de patrimonialização, não se pode considerar que o arquivo seja um mero "acidente do acaso", como discute Heymann (1997) a respeito do processo de constituição de arquivos pessoais, mais especificamente. Nesta seção, discuto vantagens de duas técnicas computacionais — modelagem de tópicos e reconhecimento automático de entidades nomeadas — para a pesquisa, a organização e o enriquecimento de metadados de arquivos, de forma a diversificar a produção do conhecimento e colaborar com políticas de inclusão e de reparação em relação às "invisibilizações" reproduzidas nos arquivos.

A consulta mais básica a uma coleção disponibilizada pela internet é, mais comumente, realizada na sua base de dados e não no conteúdo da documentação em si. A possibilidade de busca pormenorizada a partir do conteúdo textual original, por exemplo, exige tratamentos digitais adicionais, incluindo a transformação de imagens digitalizadas em texto eletrônico sem formatação (texto simples), usando a tecnologia de Reconhecimento Óptico de Caracteres (OCR), e a sua integração a uma interface específica de visualização. É essa combinação que torna possíveis pesquisas como as disponíveis no site do CPDOC ou da Hemeroteca Digital da Biblioteca Nacional (BN).

Rota (2022:82) problematiza a otimização da pesquisa a partir desse tipo de inovação, partindo do exemplo do atalho "CTRL+F", ativado pelo teclado, e que permite a busca por caracteres dentro de textos digitais. Se, por um lado, ela permite ao leitor encontrar rapidamente as palavras-chave em que tem interesse, por outro lado, ocasiona perdas ao permitir que não leiamos todo o documento, mas apenas as partes circundantes ao resultado da busca. O problema da informação incompleta é pertinente e também é discutido em Brasil e Nascimento (2020) e Alves (2014), mas, de certa forma, ele não é exclusivo dessas novas possibilidades do digital e já estava presente quando era preciso optar por deixar caixas ou documentos de fora da leitura em uma visita física ao arquivo. Da mesma forma, não conseguimos ler todos os livros de uma biblioteca.

Trabalhar com fontes digitais significa, sim, perder certos tipos de informação. É muito improvável que textos digitais contenham os marcadores dos seus objetivos físicos, como rasuras, palavras escritas à margem, pontos de exclamação ou de interrogação à margem de um parágrafo escrito por outrem, ou assinaturas, para dar alguns exemplos. Embora existam linguagens de marcação[17] e visualizadores web[18] que permitem ao pesquisador acessar esses detalhes mesmo quando utilizando recursos eletrônicos, essas opções avançadas ainda não estão disponíveis para a devastadora maioria de coleções.

A despeito disso, a camada adicional de informações que a digitalização agrega aos documentos — dados numéricos passíveis

17 Para o mais popular exemplo, ver o Text Encoding Initiative (TEI): https://tei-c.org/. Acesso em: 20 fev. 2024.

18 Para exemplos, ver as diferentes APIs de visualizadores da Estrutura Internacional para Interoperabilidade de Imagens (IIIF): https://iiif.io/get-started/iiif-viewers/. Acesso em: 20 fev. 2024.

de manipulação estatística — passa a ser parte da tecitura desse arquivo. Além das unidades básicas dos *bits*, os metadados dos objetos digitais e os rastros de sua vida digital (comentários associados, dados de acessos, compartilhamentos, *downloads* etc.) são também informações para análise.

Fontes físicas e digitais, por um lado, e abordagens qualitativas e quantitativas, incluindo a computacional, por outro, podem levar a descobertas inesperadas. O acaso está sempre aqui, assim como a agência humana, com sua criatividade, sensibilidade e saberes. Os meandros da descoberta é que são diferentes; num tratamento computacional, ela pode acontecer no momento da validação, na calibragem de modelos ou a partir da visualização dos dados estruturados. A adequação de cada abordagem dependerá, como bem sabemos, dos dados em mãos (tipo, quantidade e qualidade) e das perguntas-guia da pesquisa. Para a análise de coleções pequenas de documentos, é possível ler cada documento, cada parágrafo e sistematizar as informações encontradas. O mesmo não é viável para um *corpus*[19] muito grande, contendo dezenas de milhares de páginas, como foi o caso na pesquisa com o arquivo pessoal de Juarez Távora que discutirei a seguir.

Explorar volumes grandes de dados pode levar a *insights* interpretativos e testes de hipóteses até então impraticáveis, porque a análise puramente qualitativa de arquivos esbarra em barreiras de escalabilidade, acurácia e uniformidade dos critérios utilizados para a interpretação, especialmente se a pesquisa se estende por muito tempo ou se é levada a cabo por várias pessoas. Análises numéricas e estatísticas podem nos ajudar a encontrar padrões, mas não dão conta de contextualizar ou de serem criativas, além de não serem válidas para conjuntos menores de dados (*N* pequeno).

---

19 Chamamos de *corpus* uma coleção de textos em formato eletrônico para fins de pesquisa.

Sob o guarda-chuva do termo "mineração de texto" estão vários métodos úteis para lidarmos com grandes quantidades de texto, seja para ter acesso a eles, seja para organizá-los ou para analisá-los. Esse é um campo multidisciplinar que consiste na aplicação de técnicas computacionais, estatísticas e de inteligência artificial com o objetivo de descobrir padrões e informações significativas, de forma automatizada e com níveis de acurácia diferentes do da capacidade humana. Entre as técnicas mais utilizadas, temos a análise de sentimento, o agrupamento por similaridade (*clustering*), a modelagem de tópicos, o reconhecimento e extração de entidades nomeadas, entre outros. Neste capítulo, discuto duas delas em mais detalhe.

A crítica à "mineração" de arquivos como um "empreendimento extrativista" perigoso, que a coloca em oposição a uma leitura atenta dos arquivos (Stoler, 2002), embora soe um alerta importante, pode revelar uma leitura desconectada das potencialidades e do desenvolvimento das HD, que envolve reflexão crítica numa abordagem frequentemente interdisciplinar. Além disso, mesmo nos casos de análises automatizadas não se prescinde de uma validação qualitativa de seus resultados.

No geral, na mineração de texto, a poética do detalhe e a narrativa textual linear são, de fato, substituídas pela poética do padrão subjacente e da possibilidade de quantificação. No momento de popularização das HD no Norte Global, Franzoni (2004) já nos convidava a considerar que mesmo contagens simples podem nos contar histórias complexas. Nesse sentido, uma técnica básica de mineração, como a análise de bigramas e trigramas,[20] pode evidenciar padrões linguísticos, associações significativas de palavras e contextos de uso. Ou, ainda, a análise das palavras únicas mais frequentes já nos informa sobre temas ali presentes.

---

20 Bigramas se referem a pares consecutivos de palavras mais frequentes em um texto, enquanto trigramas são sequências de três palavras consecutivas mais frequentes.

A leitura distante dos arquivos pessoais oferece muitas vantagens e é também um campo de experimentação e de crítica. Oferece, ainda, um controle adicional, para nós pesquisadores, do "grande feitiço do arquivo privado" (Gomes, 1998:125), que consiste na "ilusão da verdade", na ilusão de que a documentação pessoal, por levar em si muito mais explicitamente a marca da personalidade de seus produtores, está apta a revelar pessoas, motivações e verdades inapreensíveis na documentação pública; esta, sim, filtrada e especialmente preparada para o escrutínio alheio. A capacidade de encontrar regularidades ocultas auxilia na descoberta. De grandes volumes, emergem padrões subjacentes, silêncios,[21] inconsistências e surpresas que nos permitem complexificar narrativas biográficas e de memória coletiva, descrição de eventos e explicações.

Usos da modelagem de tópicos e do reconhecimento de entidades mencionadas

Modelar tópicos significa descobrir e localizar temas na documentação sem precisar ler todo o conjunto. É também uma possibilidade de (re)classificação de arquivos digitalizados, sem impacto na sua organização original, por meio de técnicas de *clustering*,[22] baseadas em modelos probabilísticos que, potencialmente, diferem da classificação humana. Reconhecer, localizar e quantificar entidades de forma

---

21 O arquivo pessoal de Filinto Müller, quando aberto ao público no CPDOC, atraiu muitos interessados na "temática da atuação do grupo 'germanófilo' dentro do governo Vargas e do nazismo no Brasil", mas que se viram "decepcionados com a falta de registros sobre o tema, com o silêncio do arquivo com relação a um aspecto bastante comentado da atuação do chefe de polícia do Estado Novo" (Heymann, 1997:55). A modelagem de tópicos nesse arquivo teria alertado de antemão a respeito desse surpreendente silêncio, permitindo que mais tempo de pesquisa fosse dedicado a fontes complementares ou a perguntas subsidiárias.

22 Em definição simples: técnicas de agrupamento automático de dados de acordo com graus de semelhança.

automática, por sua vez, representa um alargamento significativo da base informacional que extraímos de uma pesquisa com arquivos.

Os dois métodos de mineração de texto aplicam modelos de processamento de linguagem natural (PLN), que é um subcampo da linguística computacional, especializado em converter a linguagem humana em representações manipuláveis por programas de computador. A seguir, apresento um pouco mais dos métodos, com linguagem descomplicada. Na terceira e última seção do capítulo, continuo discutindo o tema a partir dos achados no arquivo pessoal de Juarez Távora.

A modelagem de tópicos estima a distribuição de diferentes temas em um conjunto de documentos textuais (*corpus*) e em cada documento textual que integra esse conjunto. Em um primeiro nível de análise, as variáveis independentes de uma pesquisa desse tipo são os termos relevantes contidos nos documentos (contagem de palavras significativas), enquanto a variável dependente (não observável) é a estrutura de tópicos que se busca revelar. O objetivo é encontrar padrões no texto, ou seja, que palavras ocorrem juntas com frequência e parecem ser sobre o mesmo assunto?

A modelagem também nos permite saber quais dos temas identificados são mais frequentes e que documentos, dentro do conjunto, têm maior probabilidade de conter cada tema identificado. Quantificar os assuntos de uma coleção levanta novas questões. Qual é o significado e o peso, no *corpus*, de cada tópico? O que explica a prevalência de certos assuntos? Existe relação entre os tópicos mais ou menos frequentes? Há alguma novidade, silêncio ou inconsistência de acordo com o que se sabe do assunto?

Além de apresentar um valor heurístico próprio, esse método tem como vantagem a escalabilidade. Ser escalável significa que um processo de análise uniforme (no caso, computacional) pode ser aplicado a um número crescente de dados, abrangendo até milhões de documentos de texto, em um tempo de processamento muito reduzido quando comparado à alternativa tradicional (realizada por um indivíduo ou um grupo).

O reconhecimento de entidades mencionadas (do inglês, Named Entity Recognition, ou NER) é um método automatizado de classificação e extração (localizando no *corpus* e quantificando as menções) de quais são as entidades presentes numa dada coleção textual. As chamadas entidades mencionadas ou nomeadas são principalmente substantivos próprios, ou seja, nomes de pessoas, de coletivos (como instituições, partidos políticos etc.), de lugares (logradouros, bairros, cidades etc.), de produtos, mas também datas, valores monetários e, com maior grau de dificuldade e de erro, até eventos da memória coletiva, como revoltas ou greves.

Ter essa capacidade nos permite investigar, por exemplo, quantas e quais mulheres são mencionadas numa determinada coleção. Ou atentar, no caso do arquivo de Juarez Távora, para o poder e a influência da burocracia e dos grupos de pressão nas engrenagens do Estado, a partir da descoberta de personagens em geral não registradas em descritores tradicionais de arquivos. Esses são apenas dois exemplos em meio a inúmeras novas possibilidades e escalas de análise, que, todavia, não substituem a forma como já trabalhamos com arquivos, mas oferecem o complemento necessário num cenário crescente de disponibilização e produção de fontes digitais.

Da mesma forma que "a ordem na qual os documentos foram organizados pode trazer alguma luz sobre a natureza do arquivo e de seu criador", conforme argumenta Fraiz (1998:63), o reconhecimento de padrões e a extração automática de informações pertinentes nos trazem informações valiosas, e não apenas para a pesquisa acadêmica, mas também para as instituições de guarda, que podem enriquecer seus metadados, descritores e formas de visualizar e explorar o acervo. Mineração e tecnologias da web semântica podem, ainda, ampliar o escopo do que se concebe como o contexto de produção e de relações dos documentos arquivados, por meio, por exemplo, da interligação de dados abertos de diferentes coleções (Rademaker et al., 2015).

A metodologia de mineração textual de fontes históricas digitalizadas, em particular, apresenta importantes desafios técnicos relacionados com a qualidade da conversão da imagem em texto digital e a necessidade de normalização de grafias e nomes que variam com o tempo. Os quatro princípios da análise quantitativa de texto, sistematizados por Grimmer e Stewart (2013), ajudam a amenizar as angústias diante dessas dificuldades: todos os modelos quantitativos que tentam abarcar a linguagem estão errados, mas ainda podem ser úteis; os métodos quantitativos para análise de texto amplificam os recursos disponíveis para a interpretação humana, mas não prescindem dela; não existe um método para a análise automatizada de texto que seja considerado o melhor, em termos gerais; e, finalmente, é preciso validar, validar e validar os resultados.

Ainda muito mais significativos são os obstáculos relacionados com as precárias infraestruturas computacionais por parte das instituições de guarda e a falta de *expertise* técnica e de recursos financeiros para investir em inovações com os arquivos. Apesar dessas dificuldades, os grupos interessados têm colaborado para avançar essa agenda, por meio de laboratórios e projetos de Humanidades Digitais, no sentido amplo do termo.

Políticas para um Brasil rural pelos papéis de Juarez Távora

Juarez Távora foi um militar de longa e destacada atuação política na história republicana do Brasil, desde as revoltas tenentistas dos anos 1920 até o final dos anos 1960. Ao eleger seu arquivo pessoal como fonte de pesquisa, eu estava interessada em investigar os recursos de poder mobilizados intraelites, no âmbito do Estado, quando da discussão e implementação de provisão pública de recursos, em um momento de circulação de elites a nível nacional.

Em Marques (2021), defendo que o titular do arquivo se engajou, ao longo dos anos 1930, em um programa político para o campo, incluindo a organização agrária assentada na ideia do cooperativismo-sindicalista. Após a Revolução de 30, o Ministério da Agricultura, quando ocupado por Juarez, foi considerado um ponto de encontro de "verdadeiros revolucionários" do Norte (Gomes et al., 1980:77). Considerado um "herói nacional" do tenentismo, Távora foi um dos comandantes da Coluna Miguel Costa-Prestes e do golpe que encerrou a Primeira República, participou ativamente do Governo Provisório (1930-34) e foi ator-chave na tentativa de inscrição da agenda dos tenentes no sistema partidário durante o Governo Constitucional (1934-37) de Getúlio Vargas, a quem Távora gradualmente se opôs após o Golpe de 1937.

Vimos que pesquisar desigualdades sociais passa por estudar elites (Reis, 2012; Reis e Moore, 2005). No caso brasileiro, desigualdades sociais duradouras suscitam questões sobre as circunstâncias de apoio ou de resistência a políticas com potencial redistributivo. Na historiografia do período, chama a atenção o silêncio do governo Vargas em relação ao campo, em especial aos direitos dos trabalhadores rurais e à reforma agrária, a despeito de o tema ter sido pautado tanto pelo movimento tenentista como por comunistas.

A historiografia a respeito do tenentismo diverge em relação à ideologia e ao programa político do movimento.[23] Com a ascensão de Getúlio, tenentes de destaque ocuparam ministérios e, princi-

---

23 A agenda política apoiada pelos principais "tenentes" e pelas legiões que criaram incluía, em linhas gerais, direitos trabalhistas e legislação social, ensino gratuito, apoio à industrialização, à nacionalização de recursos naturais, à pequena propriedade rural, ao cooperativismo e à diversificação da produção agrícola para o mercado interno, além de intervenção econômica e planejamento racional-técnico por parte do Estado e a condenação de monopólios e do "capitalismo predatório".

palmente, as interventorias estaduais. Távora foi fundamental na nomeação e na articulação de todas as interventorias do Norte.[24] A alcunha de "Vice-Rei" que ganhou de opositores durante o Governo Provisório referia-se à sua vasta — e considerada indevida — influência política.

Considerando que, no período, não houve regulação do trabalho rural, nem extensão dos direitos sociais ao campo, tampouco mudança na estrutura fundiária, a comparação de outras políticas se fez necessária, abarcando: o acesso à terra por meio de programas de colonização, políticas de educação e de saúde que visavam especificamente as populações rurais, a criação de oportunidades econômicas, por intermédio da organização em cooperativas, e o socorro em relação à segurança protetora (fatores ambientais e sociais relacionados com as secas e a fome).

O arquivo de Távora se revelou uma arena privilegiada para se investigar disputas internas em relação ao padrão distributivo no campo porque expressa uma rede entre contestadores e o centro do poder, entre o Norte e o Centro-Sul, entre alas mais "radicais" do tenentismo, socialistas, classes profissionais e médias e, claro, o governo federal. Ele trabalhou ativamente para reunir diferentes tendências políticas em favor de uma "grande reforma segura e lenta" que, no campo, se daria a partir de uma organização de base sindical-cooperativista.

Mesmo que reformas e programas implementados[25] sob sua égide tenham estabelecido constrangimentos institucionais para desenvolvimentos posteriores, seu projeto reformista fracassou à

24 A região "Norte" tem um sentido particular no pós-30 até a aprovação da Constituição de 1934 e, além dos estados do Nordeste, incluía o Amazonas, o Pará, o território federal do Acre e o Espírito Santo (Lopes, 2011).

25 Alguns exemplos discutidos na minha tese são: reforma administrativa no Ministério da Agricultura e em interventorias aliadas, além da regulamentação de profissões que contribuíram para o insulamento burocrático.

medida que não teve articulação partidária coesa e nacional, nem se articulou com mobilização popular. O repertório de poder utilizado concentrou-se na mobilização em associações civis, na regulação legal e na implementação de políticas públicas. Diante de fracassos eleitorais e da desarticulação das associações, que perderam voz junto ao governo federal, as mudanças implementadas foram, em parte, descontinuadas ou descaracterizadas com a mudança de atores-chave na máquina estatal.

Eventos e desdobramentos não antecipáveis também desempenharam um papel. Para o Brasil rural, a Guerra de 1932 foi de importância fulcral, porque teve como resultado de curto prazo o enfraquecimento do movimento tenentista que estava por trás do projeto "intervencionista reformador". A saída voluntária de Távora do Ministério da Agricultura também exacerbou este efeito. Nesse sentido, a reação das oligarquias do Centro-Sul esteve mais ligada ao grau de exclusão da população rural da agenda social varguista do que a uma aliança genérica entre as oligarquias tradicionais e dissidentes com Vargas, como usualmente se aventa na bibliografia sobre o período. As insurreições de novembro de 1935 e o golpe do Estado Novo em 1937, por sua vez, têm um impacto direto na organização sindical-cooperativista, que era encampada por alas socialistas da rede de Távora.

A análise assistida pelo computador me permitiu olhar para muitas páginas de documentos, com foco em temas, pessoas e acontecimentos do meu interesse, além de comparar uma gama de políticas públicas voltadas para o campo, explorando como linha explicativa dos parcos resultados distributivos algumas dimensões de construção do Estado, que perpassam alianças e conflitos em ministérios, interventorias, conselhos econômicos, instituições autárquicas, diretorias, serviços e comissões técnicas, além de associações civis e partidos políticos.

Minerando e analisando o arquivo

A análise do Arquivo Juarez Távora, que está depositado no CPDOC,[26] baseou-se em mineração de texto implementada com linguagem e pacotes de programação Python e análise qualitativa de uma amostra dos documentos. Ao todo, são 16.200 documentos,[27] cobrindo temas gerais como: Crédito Rural, Regulação e nacionalização de recursos naturais, Matrizes energéticas, Justiça distributiva, Municipalismo, Racionalização administrativa, Povoamento, Reforma agrária e Seca.

A modelagem de tópicos me ajudou a identificar e avaliar a importância desses assuntos no conjunto documental e a selecionar 2.601 arquivos digitais para a análise qualitativa sobre o tema "Brasil rural", número este que equivale a 4,8% de um universo de 54.608 arquivos digitais de texto.[28] Aqui, cabe ressaltar que os rótulos dos tópicos extraídos automaticamente, ou seja, a identificação dos temas é atribuição de quem analisa o material, enquanto a relação de palavras que formam cada tópico/tema e seus pesos (*scores*, ou seja, a probabilidade de associação *token-cluster*) são gerados pelo modelo.[29]

A interferência humana no uso de modelos não supervisionados, como é o caso aqui, diz respeito à limpeza e estruturação dos dados, garantindo assim a sua qualidade, ao estabelecimento de parâmetros do modelo e ao processo de validação dos resultados.[30] Nesta

---

26 Muitos arquivos do CPDOC configuram importantes fontes para estudos sobre elites políticas republicanas. Apesar de bem consultados, no geral, o arquivo pessoal de Juarez Távora tem recebido pouca atenção.

27 Cada documento pode conter um número variado de páginas.

28 Em geral, um arquivo digital corresponde a uma página do documento original.

29 O modelo de tópicos utilizado nesta pesquisa chama-se "Alocação de Dirichlet Latente" (LDA) e é comumente empregado em análise de *corpus*. Toda a metodologia da pesquisa está descrita em Marques (2021).

30 As principais métricas quantitativas de validação de modelos de tópicos são: discriminação, acurácia, confiabilidade, probabilidade e eficiência (Hillard et al., 2008; Siervert e Shirley, 2014; Ribeiro, 2020).

pesquisa, foram rodados nove modelos que geraram, no total, 300 tópicos. O modelo com melhores resultados gerou 50 tópicos com 30 palavras e segue visualmente representado na figura 1.[31]

Figura 1
Visualização do tópico n. 10 do Arquivo Pessoal Juarez Távora

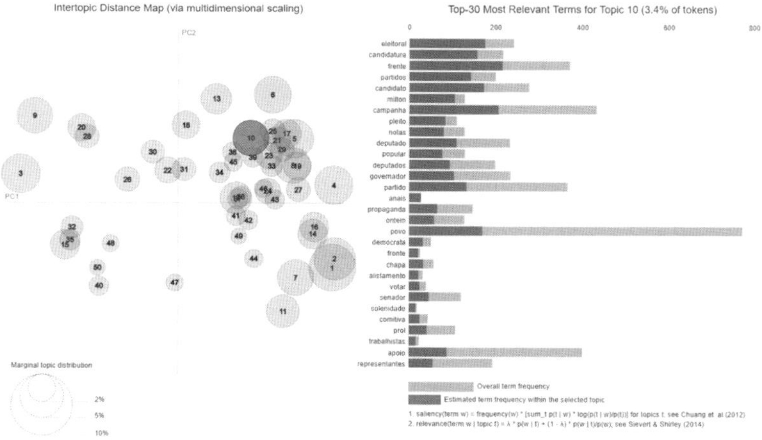

Fonte: Elaboração própria.

À direita da imagem, nas barras em vermelho, vê-se os 30 *tokens* (termos) mais frequentes por tópico. As barras azuis, por sua vez, representam a frequência de cada *token* no *corpus* como um todo. Cada tópico está associado a uma lista de palavras que o caracteriza. A visão geral deles é apresentada no gráfico à esquerda, por meio de circunferências numeradas, formando um "mapa de distância intertópica". Quanto maior o círculo, maior o peso do tópico na documentação. A visualização em 2D da relação — de proximidade e

31 Na publicação, a imagem é estática, mas, originalmente, trata-se de imagem dinâmica que pode ser exibida no *browser*, sendo possível clicar e escolher elementos para visualização.

de distância — entre os tópicos nos permite ver o grau de similitude e superposição de sentidos.

A primeira fase da validação qualitativa incluiu a revisão dos termos por tópico em cada modelo, a fim de determinar a inteligibilidade do conjunto de termos como um único assunto discernível do conjunto documental. Essa etapa exclui a maioria dos modelos em comparação, uma vez que a maioria dos tópicos gerados são difíceis de identificar, seja porque são muito genéricos, seja porque são artefatos de inferência estatística sem valor interpretativo.[32] A segunda fase consistiu na leitura completa dos 20 documentos de maior *score* por tópico, ou seja, com alta probabilidade de ocorrência de certos tópicos de interesse, a fim de confirmar a coerência do tópico gerado automaticamente.

Uma análise geral dos tópicos distribuídos pelo *corpus* nos ensina que a documentação trata, mais frequentemente, de temas relacionados com a produção econômica (circunferência 1), com termos como *consumo, mercado, produtos, transporte, exportar, indústria*, entre outros. Na figura 1, vemos o 10º tópico com maior peso no *corpus*, relativo a eleições, incluindo palavras como *candidatura, partidos, candidato, campanha, pleito, popular* etc. Já o tópico 7 foi por mim relacionado com as ações relacionadas com as secas, com termos como *secas, obras, decreto, despesas, saneamento, pessoal*. São termos que remetem a formas de ação e que se aproximam do tópico 1 mencionado. É significativo, porém, que o tópico não inclua entre os 30 termos mais relevantes referências ao grupo social assolado pelo problema.

Em termos comparativos, cabe ainda destacar que há muitos documentos de Juarez Távora alocados pela organização tradicio-

32 Nesta pesquisa, tópicos desse segundo tipo reuniram falhas de leitura de OCR, palavras em outros idiomas, ou ainda palavras que remetem à natureza de um arquivo pessoal do início do século XX, como: enviar, receber, carta, resposta, telegrama, radiograma, hora, entrega, recibo.

nal dentro do dossiê "Seca" da Série "Documentação Temática", mas que são, na verdade, mais relacionados com o pleito dos seus interlocutores a favor de intervenção junto ao aliado ministro da Viação para a construção de estradas, não só no Nordeste, mas em todo o Norte e Brasil Central. Apesar de mencionarem as secas, e por isso terem sido incluídos neste dossiê, a maior parte do conteúdo tratava de outros interesses. Ter acesso a esses documentos também é importante para a interpretação, então não advogo pela organização de arquivos por meio de modelagem de tópicos, mas esta é uma técnica que pode ser complementar, permitindo maior celeridade na liberação dos arquivos para a consulta e na pesquisa em si.

Outro exemplo é revelador. A aplicação de PLN em apenas 150 páginas de documentos revelou a menção a 94 entidades, muitas delas cruciais para a rede política em que o titular do fundo se insere e que não constavam na lista catalogada de autoridades do arquivo pessoal, que tinha 49 autoridades para os mais de 16 mil documentos. Graças à mineração, foram identificados nomes de suma importância para sua rede, como Luiz Carlos Prestes, José Américo de Almeida e Magalhães Barata, além de nomes de empresas, de burocratas, como diretores, inspetores, chefes de serviço, e de membros da sociedade civil, como padres, diretores de cooperativas, advogados etc.

Analisar entidades nomeadas foi fundamental para avaliar o papel de dois novos atores de peso: o grupo de militares e civis do movimento tenentista e a nova burocracia. As alianças de Távora, em boa parte, restringiram-se a esses grupos. Percebe-se, da documentação, que as redes de confiança de Távora eram, a todo tempo, testadas por meio de denúncias, de desconfianças de conspiração e de defesas em relação à própria virtude e a dos outros, num período conturbado de golpes, tentativas de golpes, depuração e realinhamento de elites, com períodos autoritários e outros de maior competição política.

Achados e minúcias

As cartas de um arquivo pessoal são expressões autênticas de visões de mundo e cursos de ação, revelando detalhes do contexto e materializando relações. Em longa carta de Juarez para Luiz Carlos Prestes, de 15 de junho de 1930,[33] ele comenta o rompimento de seu antigo professor e amigo de batalhas com a Aliança Liberal, tendo em vista sua adesão ao comunismo. Em tom direto, mas ao mesmo tempo respeitoso e ressentido, Juarez discorda da interpretação de Prestes a respeito dos perigos da captura da revolução pelos políticos profissionais, o que supostamente colocaria em risco a agenda de combate ao latifúndio e ao capital internacional.

Juarez fala em "aliança forçada" com partidos políticos e critica o "desarrazoado extremismo" das ideias do seu interlocutor. Para Juarez, não se tratava de implantar uma agenda comunista. Por outro lado, muitas de suas aspirações eram, como ele mesmo diz, inteiramente coincidentes. Ambos não chegam a um acordo e as discordâncias alcançam a esfera pública, com publicações de algumas cartas e manifestos.

A trajetória revolucionária e a sociabilidade militar, a ética católica e a preocupação com uma certa noção de justiça social tiveram impacto importante na rede de Távora durante o Governo Provisório (1930-34). Seus interlocutores eram, principalmente, militares revolucionários, burocratas e profissionais das camadas médias, como professores, advogados, agrônomos, estatísticos, engenheiros sanitaristas, funcionários públicos. Uma grande ausência é sentida: a troca com políticos profissionais é muita reduzida.

É sabido que o movimento tenentista pós-1930 foi marcado pela desconfiança em relação às elites políticas tradicionais, as oligarquias regionais. Seu arquivo pessoal permite-nos mapear relações com a classe política mais ampla, uma vez que inclui referências e

33 FGV CPDOC, Arquivo Juarez Távora, Classificação: JT dpf 1954.01.02.

comunicações com membros de organizações políticas e sociais, famílias e intelectuais, além de grupos econômicos influentes. O mapeamento ajuda a explicar seu fracasso eleitoral.

Nas eleições de 1933 e de 1934, as previsões e os cenários políticos imaginados por Távora e seus aliados revolucionários ainda dispostos a fazer política demonstraram-se, em grande parte, equivocados. Também devemos levar em conta que, apenas 10 anos antes, esses atores organizaram levantes armados, mas não se colocavam como vanguarda reconstrutora e, por algum tempo, não acalentaram um sólido projeto de governo. É no confronto político acirrado que se segue à (re)construção do Estado que esses militares se veem "chamados" a fazer política, eles mesmos. O fenômeno da militarização das interventorias do Norte, após o descontentamento com os políticos profissionais, é um bom exemplo desse mecanismo cognitivo. Para eles, fica claro que era preciso inovar, mas em geral não são bem-sucedidos.

À frente do Ministério da Agricultura, Távora indica Custódio Alfredo Sarandy Raposo para chefiar o novo Plano Geral de Organização Agrária e, mais especificamente, o movimento cooperativista. Sarandy Raposo era agrônomo e desde 1911 publicava sobre o tema, como assumido admirador do economista do cooperativismo Charles Gise e do socialista Charles Fourrier. A documentação sobre a gestão do Ministério é riquíssima e levanta muitos pontos, mas, por ora, destaco os estudos conduzidos sobre a doutrina e as experiências do cooperativismo e, em especial, o "cooperativismo estatal" dinamarquês. Concluíram, porém, que a "formação social" brasileira representava um entrave particular à capacidade de organização e de participação política da população (rural).[34] A solução nacional,

34 O racismo, como mecanismo de reprodução de desigualdades categóricas, está no esteio da interpretação sobre o insolidarismo do povo brasileiro. Em Marques (2021), argumento que é uma ideologia que acompanha a hierarquização pensada em termos corporativos, com a solução da cidadania regulada para o meio urbano e a solução fracassada do cooperativismo-sindicalista para o meio rural.

por conseguinte, passava por uma engenharia organizacional nova, adequada ao meio, o tal cooperativismo-sindicalista que ninguém parecia saber explicar muito bem como seria.

Mesmo fora do Ministério da Agricultura, Távora continua inserido no debate. Em troca de correspondência com Luis Amaral, diretor do Departamento de Assistência ao Cooperativismo (DAC) da Secretaria de Agricultura do estado de São Paulo, os dois divergem a respeito da legislação que vinha sendo constantemente modificada. Em carta de 26 de dezembro de 1935,[35] Amaral acusa Juarez de ser "a única pessoa inteligente que defende o sarandysmo". Segundo Amaral, Raposo baseava seu programa na Terceira Internacional e "confessou seus planos e declarou que o cooperativismo tinha mesmo de ser instrumento dos syndicatos [sic]".

A posição de Amaral era contrária à inclusão política dos trabalhadores rurais por meio do sindicalismo-cooperativista. Defendia, alternativamente, o cooperativismo livre dos "Pioneiros de Rochdale" como uma política "fixadora da ordem social". Raposo, por sua vez, denunciava: "A plutocracia paulista, argentaria [sic] e a soldo do capitalismo estrangeiro, conspira contra a syndicalisação [sic] da lavoura, e já ensaia os primeiros passos para destruí-la". O decreto de sindicalização rural é publicado apenas em 1944 e o Estatuto do Trabalhador Rural, apenas em 1963.

Navegar entre uma leitura distante e uma leitura próxima da documentação é uma tarefa difícil, mas recompensadora. A abordagem computacional me permitiu verificar a prevalência dos assuntos no conjunto, desvelar redes de forma muito mais extensiva e selecionar material relevante para um mergulho nas fontes, que trazem os detalhes de estilo, personalidade, construção de sentido e emoções.

Como em toda fonte de dados, metodologia e desenho de pesquisa, há vieses e limites. O caráter em geral bastante fragmentado de

---

35 FGV CPDOC, Arquivo Juarez Távora, Classificação: JT dpf 1934.11.30.

coleções privadas se fez sentir. Há desafios à capacidade de reconstruir processos e, logo, à interpretação, ou mesmo à consideração do valor informativo do material. As sequências de correspondência são incompletas e, por vezes, é impossível entender o contexto de certos documentos. Nesses casos, recorre-se à bibliografia secundária e outras fontes primárias. Interessa, nesse ponto, enfatizar o encontro do arquivo pessoal com a memória e as estratégias coletivas de ação. Esses objetos históricos ultrapassam o biográfico e se inserem em registros da memória coletiva e da história.

Considerações finais

Em suas coleções pessoais, indivíduos guardam registros diretos e indiretos de suas ideias, ações e relações. Arquivos pessoais de elites políticas são proveitosos em pesquisas sobre repertórios de ação, percepções sobre o Estado, a comunidade política e os termos da partilha da riqueza social que, como grupo dominante, ajudam, em grande parte, a definir.

Métodos computacionais aplicados à análise desse tipo de fonte ajudam a dar conta de questões prementes na agenda contemporânea de estudos com elites, que recaem sobre a necessidade de mais dados empíricos sobre: 1. A diversidade intraelites; 2. As redes de poder a que pertencem, incluindo um mapeamento dos conflitos e colaborações em contextos específicos; 3. As limitações materiais, conjunturais e simbólicas às suas ações; e 4. Os diferentes tipos de discursos mobilizados para a ação coletiva.

Juarez Távora, titular do arquivo pessoal aqui analisado, está no centro dos acontecimentos políticos de 1930 a 1945, um período excepcional de grandes transformações demográficas, econômicas, políticas e sociais. A grande incerteza típica de períodos históricos de rápidas e amplas transformações provoca os atores sociais a se posicionarem e a agirem no campo da luta política com a perspectiva alargada de que novos projetos são (mais) possíveis.

A análise de seu arquivo pessoal tornou possível divisar a existência de distintas visões e demandas relacionadas com o Brasil rural, parte de dois projetos em conflito, no bojo do que podemos chamar de "ruralismo modernizador": um de intervencionismo tutelar, mais bem conhecido da historiografia, e outro de um intervencionismo reformista, de caráter mais distributivo e mobilizador para o campo. Ao longo deste texto, procurei transitar entre aspectos técnicos da análise e achados de pesquisa, na expectativa de que um caso concreto estimule o uso de arquivos pessoais para o estudo de elites e, em especial, à luz de novos recursos digitais e inovações metodológicas.

As tecnologias digitais são aliadas à medida que nos permitem renovar a caixa de ferramentas a partir da qual explorar as fontes. Não se trata de fetichizar o documento, ou mesmo a metodologia computacional, como se falassem por conta própria, como se falassem verdades. Que não percamos de vista que, mais do que os documentos ou as quantificações, o que buscamos alcançar são os sujeitos históricos, seus contextos, suas ideias e escolhas, mediados, todos eles, por processos de quem os lê e interroga.

Referências

ABRÊU, Eide Sandra A. Os encantos do arquivo e os trabalhos do historiador: reflexões a partir da coleção Marquês de Valença. *Anais Do Museu Paulista: História E Cultura Material*, v. 19, n. 1, p. 247-278, 2011. Disponível em: https://doi.org/10.1590/S0101-47142011000100008. Acesso em: 20 fev. 2024.

ALONSO, Angela M. *Ideias em movimento*: a geração de 1870 na crise do Brasil Império. São Paulo: Paz e Terra, 2002.

ALVES, Daniel. Introduction: digital methods and tools for historical research. *International Journal of Humanities and Arts Computing*, v. 8, n. 1, p. 1-12, 2014.

ARAÚJO, Maria Paula do Nascimento; SANTOS, Myrian Sepúlveda dos. História, memória, esquecimento: implicações políticas. *Revista Crítica de Ciências Sociais*, n. 79, p. 95-111, dez. 2007. Disponível em: https://doi.org/10.4000/rccs.728. Acesso em: 20 fev. 2024.

ARTIÈRES, Philippe; KALIFA, Dominique. Présentation: l'historien et les archives personnelles: pas à pas. *Sociétés & Représentations*, v. 13, p. 7-15, 2002. Disponível em: https://doi.org/10.3917/sr.013.0007. Acesso em: 20 fev. 2024.

BALLESTRIN, Luciana. América Latina e o giro decolonial. *RBCP*, v. 11, p. 89-117, 2013.

BATISTA, Mariana; LOPEZ, Félix. Ministerial typology and political appointments: where and how do presidents politicize the bureaucracy? *Brazilian Political Science Review*, v. 15, p. 1-34, 2020.

BELLOTO, Heloísa Liberalli. Arquivos pessoais em face da teoria arquivística tradicional: debate com Terry Cook. *Estudos Históricos*, Rio de Janeiro, v. 11, n. 21, p. 201-207, 1998.

BERRY, David M. The post-archival constellation: the archive under the technical conditions of computational media. In: BLOM, Ina; LUNDEMO, Trond; EIVIND, Røssaak. *Memory in motion*: archives, technology and the social. Amsterdã: Amsterdam University Press, 2017. p. 103-126.

BLANK, Thaís C. Políticas e estratégias de patrimonialização do cinema amador e familiar. *Revista Laika*, São Paulo, v. 2, n. 4, p. 1-20, dez. 2013.

BOMENY, Helena. (Org.). *Constelação Capanema*: intelectuais e política. Rio de Janeiro; Bragança Paulista: Ed. FGV; Ed. Universidade de São Francisco, 2001.

BOSCHI, Renato; DINIZ, Eli; SANTOS, Fabiano (Org.) *Elites políticas e econômicas no Brasil contemporâneo*. São Paulo: Fundação Konder-Adenauer, 2000.

BRASIL, Eric; NASCIMENTO, Leonardo Fernandes. História digital: reflexões a partir da hemeroteca digital brasileira e do uso de Caqdas na reelaboração da pesquisa histórica. *Estudos Históricos*, Rio de Janeiro, online, v. 33, n. 69, 2020. Disponível em: https://doi.org/10.1590/S2178-14942020000100011. Acesso em: 20 fev. 2024.

BRITTO, Augusto; PADOIN, Maria Medianeira. O contexto de produção e a cadeia de custódia documental como elementos de construção da narrativa de si no acervo de Alberto Pasqualini. *Estudos Históricos*, Rio de Janeiro, v. 36, n. 79, p. 23-43, 2023. Disponível em: https://doi.org/10.1590/S2178-149420230203. Acesso em: 20 fev. 2024.

CAMARGO, Ana Maria. Arquivos pessoais são arquivos. *Revista do Arquivo Público Mineiro*, Belo Horizonte, n. 2, p. 26-39, jul./dez. 2009.

CARVALHO, José Murilo de. *A construção da ordem*: a elite política imperial; *Teatro de sombras*: a política imperial. 2. ed. Rio de Janeiro: Civilização Brasileira, 2003.

CARVALHO, Leonardo D. Higiene brasileira: as lições de Belisário Penna para as escolas normais. *História da Educação*, v. 25, 2021. Disponível em: https://doi.org/10.1590/2236-3459/100569. Acesso em: 20 fev. 2024.

CASTRO, Celso. *Pesquisando em arquivos*. Rio de Janeiro: Jorge Zahar, 2008.

CASTRO, Celso; CUNHA, Olívia Maria Gomes da. Quando o campo é o arquivo. *Estudos Históricos*, Rio de Janeiro, v. 2 n. 36: Antropologia e Arquivos, p. 3-5, 2005.

CENTRO DE PESQUISA E DOCUMENTAÇÃO DE HISTÓRIA CONTEMPORÂNEA DO BRASIL (CPDOC). *Elites empresariais paulistas*: depoimentos à FGV. Rio de Janeiro: Editora FGV, 2011.

CERTEAU, Michel de. *A invenção do cotidiano*: 1, Artes de fazer. Petrópolis: Vozes, 1994.

CETIC.BR. *Pesquisa sobre o uso das tecnologias de informação e comunicação nos equipamentos culturais brasileiros*: TIC Cultura 2022. São Paulo: Comitê Gestor da Internet no Brasil, 2023.

CODATO, Adriano et al. Una revisión cientométrica de la investigación mundial sobre las élites políticas. *Pléyade*, Santiago, n. 28, p. 56-83, 2021. Disponível em: http://dx.doi.org/10.4067/S0719-36962021000200056. Acesso em: 20 fev. 2024.

COSTA, Luiz Domingos et al. O desenho e as fontes da pesquisa com elites parlamentares brasileiras no século XX. In: PERISSINOTTO, Renato; CODATO, Adriano (Org.). *Como estudar elites*. Curitiba: Ed. UFPR, 2015. p. 63-92.

COUSIN, Bruno; KHAN, Shamus; MEARS, Ashley. Theoretical and methodological pathways for research on elites, *Socio-Economic Review*, v. 16, issue 2, p. 225-249, abr. 2018.

DINIZ, Eli. *Empresário, estado e capitalismo no Brasil*: 1930/1945. Rio de Janeiro: Paz e Terra, 1978.

DINIZ, Eli; BOSCHI, Renato R. Empresariado e estratégias de desenvolvimento. *Revista Brasileira De Ciências Sociais*, v. 18, n. 52, p. 15-34, 2003. Disponível em: https://doi.org/10.1590/S0102-69092003000200002. Acesso em: 20 fev. 2024.

EVANS, Michael S. A Computational approach to qualitative analysis in large textual datasets. *Plos One*, v. 9, n. 2, e87908, 2014. Disponível em: https://doi.org/10.1371/journal.pone.0087908. Acesso em: 20 fev. 2024.

FERREIRA, Marieta de Moraes. *Histórias de família*: casamentos, alianças e fortunas. Rio de Janeiro: Editora FGV, 2013.

FIORMONTE, Domenico; CHAUDHARI, Sukanta; RICAURTE, Paola (Ed.). *Global debates in the digital humanities*.

Minneapolis: University of Minnesota Press, 2022. Disponível em: https://doi.org/10.5749/9781452968919. Acesso em: 20 fev. 2024.

FOUCAULT, Michel. *Vigiar e punir*: nascimento da prisão. 20. ed. Petrópolis: Editora Vozes, 1999.

FRAIZ, Priscila M. A dimensão autobiográfica dos arquivos pessoais: o arquivo de Gustavo Capanema. *Estudos Históricos*, Rio de Janeiro, v. 11, n. 21: Arquivos Pessoais, p. 59-87, 1998.

FRANZONI, Roberto. *From words to numbers*: narrative, data and social science. Cambridge: CUP, 2004.

FREYRE, Gilberto. *Casa-grande & senzala*: introdução à história da sociedade patriarcal no Brasil. 42. ed. Rio de Janeiro: Record, 2001 [1933].

GARCIA, Maria Madalena A. de M. Machado. Os documentos pessoais no espaço público. *Estudos Históricos*, Rio de Janeiro, v. 11, n. 21, p. 175-187, 1998.

GIANOLLA, Cristiano; RAGGI, Giuseppina; QUEROL, Lorena Sancho. Decolonizing the narrative of Portuguese empire: life stories of African presence, heritage and memory. In: KNUDSEN, Britta Timm et al. (Ed.). *Decolonizing colonial heritage*: new agendas, actors and practices in and beyond Europe. Londres; Nova York: Routledge, 2022. p. 81-103.

GOMES, Angela de Castro. Nas malhas do feitiço: o historiador e os encantos dos arquivos privados. *Estudos Históricos*, Rio de Janeiro, v. 11, n. 21: Arquivos Pessoais, p. 121-127, 1998.

______ et al. (Ed.). *Regionalismo e centralização política*: partidos e Constituinte nos anos 30. Rio de Janeiro: Nova Fronteira, 1980.

GRIMMER, Justin; STEWART, Brandon M. Text as data: the promise and pitfalls of automatic content analysis methods for political texts. *Political Analysis*, v. 21, n. 3, p.267-297, 2013.

GRYNSZPAN, Mario. *Ciência política e trajetórias sociais*: uma sociologia histórica da teoria das elites. Rio de Janeiro: Editora FGV, 1999.

HALL, Kaye; MCGUIRE, Natalie. Co-curating memory: deconstructing the silences around Caribbean migration to Britain. In: BROWN, Karen; CUMMINS, Alissandra; González Rueda, Ana S. (Ed.). *Communities and museums in the 21st century*: shared histories and climate action. Londres; Nova York: Routledge, 2024. [e-book disponibilizado em outubro de 2023].

HEINZ, Flávio M. (Org.). *Por outra história das elites*. Rio de Janeiro: FGV, 2006.

HEYMANN, Luciana Q. Indivíduo, memória e resíduo histórico: uma reflexão sobre arquivos pessoais e o caso Filinto Müller. *Estudos Históricos*, Rio de Janeiro, v. 10, n. 19, p. 41-66, 1997.

______. O indivíduo fora do lugar. *Revista do Arquivo Público Mineiro*, Belo Horizonte, ano XLV, n. 2, p. 41-57, 2009.

______. O arquivo utópico de Darcy Ribeiro. *História, Ciências, Saúde-Manguinhos*, v. 19, n. 1, p. 261-282, 2012. Disponível em: https://doi.org/10.1590/S0104-59702012000100014. Acesso em: 20 fev. 2024.

HILLARD, Dustin; PURPURA, Stephen; Wilkerson, John. Computer-assisted topic classification for mixed-methods social science research. *Journal of Information Technology & Politics*, v. 4, n. 4, p. 31-46, 2008. DOI: 10.1080/19331680801975367.

HOLLANDA, Cristina Buarque de. *Teoria das elites*. Rio de Janeiro: Zahar, 2011.

IUMATTI, Paulo Teixeira; NICODEMO, Thiago Lima. Arquivos pessoais e a escrita da história no Brasil: um balanço crítico. *Revista Brasileira de História*, v. 38, n. 78, p. 97-120, 2018. Disponível em: https://doi.org/10.1590/1806-93472018v38n78-05. Acesso em: 20 fev. 2024.

KHAN, Shamus Rahman. The many futures of élites research. A comment on the Symposium. *Sociologica*, v. 2, 2016. DOI: 10.2383/85294.

KUSCHNIR, Karina. *O cotidiano da política*. Rio de Janeiro: Jorge Zahar Editor, 2000.

LAMONT, Michèle. *Money, morals, and manners*: the culture of the French and American upper-middle class. Chicago: University of Chicago Press, 1992.

LOPES, Raimundo Helio. Acordos firmados e estratégias debatidas: a troca de telegramas entre os interventores do Norte e o Governo Provisório durante a Guerra de 1932. *Mosaico*, Rio de Janeiro, v. 5, p. 1-25, 2011.

LÓPEZ, Matias. Elite framing of inequality in the press: Brazil and Uruguay compared. *Brazilian Political Science Review*, v. 10, n. 1, e0002, 2016. Disponível em: https://doi.org/10.1590/1981-38212016000100002. Acesso em: 20 fev. 2024.

______ et al. Economic and cultural determinants of elite attitudes toward redistribution, *Socio-Economic Review*, v. 20, n. 2, p. 489-514, maio 2020.

LUCCHESI, Anita; CARVALHO, Bruno Leal Pastor de. História digital: reflexões, experiências e perspectivas. In: MAUAD, Ana Maria; ALMEIDA, Juniele Rabêlo de; SANTHIAGO, Ricardo (Org.). *História pública no Brasil*: sentidos e itinerários. São Paulo: Letra e Voz, 2016. p. 149-163.

LUGONES, María. Rumo a um feminismo descolonial. *Revista Estudos Feministas*, v. 22, n. 3, p. 935-952, 2014. Disponível em: https://doi.org/10.1590/S0104-026X2014000300013. Acesso em: 20 fev. 2024.

MARINO, Ian Kisil; SILVEIRA, Pedro Telles; NICODEMO, Thiago Lima. Arquivo, memória e Big Data: uma proposta a partir da Covid-19. *Cadernos do Tempo Presente*, São Cristóvão, v. 11, n. 1, p. 90-103, jan./jun. 2020.

MARQUES, Juliana. *Disputas intraelites e agendas distributivas no Brasil rural de 1920 a 1945*: mineração de texto no Arquivo Juarez Távora. Tese (doutorado em sociologia) — Instituto de

Estudos Sociais e Políticos, Universidade Estadual do Rio de Janeiro, Rio de Janeiro, 2021.

______. Usando métodos computacionais na pesquisa em acervos digitais. In: CENTRO REGIONAL DE ESTUDOS PARA O DESENVOLVIMENTO DA SOCIEDADE DA INFORMAÇÃO (CETIC.BR) (Org.). *Pesquisa sobre o uso das tecnologias de informação e comunicação nos equipamentos culturais brasileiros*: TIC Cultura 2022. São Paulo: Comitê Gestor da Internet no Brasil, 2023. v. 1, p. 87-99.

MEDEIROS, Marcelo; SOUZA, Pedro H. G. Ferreira; CASTRO, Fábio Avila de. O topo da distribuição de renda no Brasil: primeiras estimativas com dados tributários e comparação com pesquisas domiciliares (2006-2012). *Dados*, Rio de Janeiro, v. 58, n. 1, p. 7-36, 2015. Disponível em: https://doi.org/10.1590/00115258201537. Acesso em: 20 fev. 2024.

MENDONÇA, Sonia Regina. *O ruralismo brasileiro (1888-1931)*. São Paulo: Hucitec, 1997.

MENESES, Ulpiano T. Bezerra de. Memória e cultura material: documentos pessoais no espaço público. *Estudos Históricos*, Rio de Janeiro, v. 11, n. 21, p. 89-103, 1998.

MICELI, Sérgio. *A elite eclesiástica brasileira*: 1890-1930. São Paulo: Companhia das Letras, 2009.

______. *Intelectuais à brasileira*. São Paulo: Companhia das Letras, 2001.

OLIVEIRA, Wilson José F. Antropologia, política e etnografia: fronteiras disciplinares e trabalho de campo. In: PERISSINOTTO, Renato; CODATO, Adriano (Org.). *Como estudar elites*. Curitiba: Ed. UFPR, 2015.

PANDOLFI, Dulce Chaves; GRYNSZPAN, Mario. Da Revolução de 30 ao golpe de 37: a depuração das elites. *Revista de Sociologia e Política*, v. 9, p. 7-23, 1997.

PÉREZ, Emma. *The Decolonial imaginary*: writing Chicanas into history. Bloomington: Indiana University Press, 1999.

PERISSINOTTO, Renato. *As elites políticas*: questões de teoria e método. Curitiba: Editora Intersaberes, 2012.

______; CODATO, Adriano. (Org.). *Como estudar elites*. Curitiba: Ed. UFPR, 2015.

POLLAK, Michael. Memória, esquecimento, silêncio. *Estudos Históricos*, Rio de Janeiro, v. 2, n. 3, p. 3-15, 1989.

POWER, Timothy J.; ZUCCO JR., César. Elite preferences in a consolidating democracy: the Brazilian legislative surveys, 1990-2009. *Latin American Politics and Society*, v. 54, n. 4, p. 1-27, 2012.

PROCHASSON, Christophe. "Atenção: verdade!" Arquivos privados e renovação das práticas historiográficas. *Estudos Históricos*, Rio de Janeiro, n. 21, p. 105-119, 1998.

RADEMAKER, Alexandre et al. A linked open data architecture for the historical archives of the Getulio Vargas Foundation. *International Journal on Digital Libraries*, v. 15, n. 2-4, p. 153-167, 2015.

REIS, Elisa P. Poverty in the Eyes of the Brazilian Elites. In: AMSDEN, Alice H.; DICAPRIO, Alisa; ROBINSON, James A. (Ed.) *The role of elites in economic development*. Oxford: Oxford University Press, 2012.

REIS, Elisa P. Elite perceptions of poverty and inequality in Brazil. In: BLOFIELD, Merike (Ed.) *The great gap*: inequality and the politics of redistribution in Latin America. Pennsylvania: Pennsylvania University Press, 2011. p. 89-108.

REIS, Elisa P.; MOORE, Mick. *Elite perceptions of poverty and inequality*. Londres: Zed Books, 2005.

RIBEIRO, Marcelo. *Modelagem de tópicos e interpretabilidade*: uma proposta de visualização de resultados implementada em D3.js. Dissertação (mestrado em matemática aplicada) — Escola de Matemática Aplicada, Fundação Getulio Vargas, Rio de Janeiro,

2020. Disponível em: https://bibliotecadigital.fgv.br/dspace/handle/10438/29548. Acesso em: 20 fev. 2024.

RIBEIRO, Cláudio J. S.; HIGUCHI, Suemi; FERLA, Luís. Aproximações ao cenário das humanidades digitais no Brasil. *Digital Humanities Quarterly*, v. 14, p. 1-10, 2020.

ROTA, Alesson R. Mineração de história em acervos históricos digitalizados. In: NICODEMO, Thiago Lima; ______; MARINO, Ian Kisil. *Caminhos da história digital no Brasil*. Vitória: Editora Milfontes, 2022. p.89-108.

______; NICODEMO, Thiago Lima. Arquivos pessoais e redes sociais: o Twitter construído como documento histórico. *Estudos Históricos*, Rio de Janeiro, v. 36, n. 79, p. 268-291, maio/ago. 2023.

SIEVERT, Carson; SHIRLEY, Kenneth. LDAvis: a method for visualizing and interpreting topics. In: PROCEEDINGS of the Workshop on Interactive Language Learning, Visualization, and Interfaces. Baltimore, Maryland, USA: Association for Computational Linguistics, 2014. p. 63-70.

SILVA, Gabriella Moraes; LÓPEZ, Matias. Brazilian people. In: The eyes of elites: repertoires and symbolic boundaries of inequality. *Sociologia & Antropologia* [online], v. 5, n. 1, p. 157-182, 2015.

SOUZA, Pedro H. G. Ferreira. *Uma história da desigualdade*: a concentração de renda entre os ricos no Brasil (1926-2013). São Paulo: Hucitec, 2018.

SOUZA LIMA, Antonio C. (Ed.). Dossiê Fazendo Estado. *Revista de Antropologia*, v. 55, n. 2, p. 559-832, jul./dez. 2012.

SPOHR, Martina. *American way of business*. Curitiba: Appris, 2020. v. 1.

SPOHR, Martina. Editorial — Arquivos pessoais: debates contemporâneos. *Estudos Históricos*, Rio de Janeiro, v. 36, n. 79, p. 225-228, maio/ago. 2023.

STOLER, Ann Laura. Colonial archives and the arts of governance. *Archival Science*, v. 2, p. 87-109, 2002. Disponível em: https://doi.org/10.1007/BF02435632. Acesso em: 20 fev. 2024.

VIDAL, Laurent. Acervos pessoais e memória coletiva — alguns elementos de reflexão. *Patrimônio e Memória*, Assis, v. 3, n. 1, p. 3-13, 2007.

Ciência de dados e arquivo

Suemi Higuchi
Renato Rocha Souza

Introdução

> Existem com certeza boas razões para se prever que nas próximas duas décadas, ou em torno disto, as tecnologias da informação digitalizada tomarão conta do mundo, transformando a maneira de os estudiosos contemporâneos das ciências sociais e humanas conduzirem suas pesquisas e disseminarem suas descobertas [Dollar, 1994:67]

Em setembro de 1993, Charles Dollar, PhD em história e então diretor do Departamento de Pesquisa Tecnológica do Arquivo Nacional dos Estados Unidos, proferiu estas palavras. Elas ecoaram em uma conferência que teve lugar no auditório da Fundação Getulio Vargas por ocasião dos eventos comemorativos dos 20 anos de criação do CPDOC, e reuniu especialistas dos campos da história e da documentação com a proposta de discutir o então atual estado da pesquisa e da documentação histórica, com suas teorias, seus objetos de estudo, seus métodos e técnicas. A compilação das apresentações desse encontro resultou em um número especial da revista *Estudos Históricos*[1] lançada alguns meses depois, e o tema

1 Disponível em: https://bibliotecadigital.fgv.br/ojs/index.php/reh/issue/view/279. Acesso em: 25 maio 2023.

abordado pelo professor Dollar centrou-se principalmente no desenvolvimento das tecnologias da informação e seus impactos na gestão de arquivos e na pesquisa acadêmica.

O artigo nos brinda com reflexões em perspectivas bastante avançadas para a época, como a defesa de um ambiente de sistemas abertos e compartilháveis, o aumento de poder dos usuários finais e a expectativa de um ecossistema verdadeiramente multimídia. Descreve com um misto de espanto e admiração os *softwares* e sistemas recém-lançados que se prestavam à manipulação de imagens fotográficas e ao reúso quase ilimitado dos registros digitais. Era um tempo em que se iniciava a popularização dos computadores pessoais, e a internet, como a conhecemos hoje, ensaiava seus primeiros passos.

Hoje, com o privilégio de termos vivido e ultrapassado o futuro preconizado na citação de Dollar, isto é, as duas décadas pós-conferência, podemos voltar os olhos para esses anos e avaliar o real impacto que o avanço das tecnologias de informação digitalizada trouxe para as nossas práticas de pesquisa. Quais foram as mudanças mais significativas? Que novas oportunidades surgiram? Existem desafios intransponíveis?

O tempo não para. Estamos novamente em clima de comemoração, desta vez pelos 50 anos do CPDOC, e não há momento mais oportuno que este para resgatar algumas das nossas próprias experiências como um exercício de reflexão. Afinal, relembrar é também celebrar, e imbuídos neste jubileu de ouro do mesmo sentimento presente no jubileu de prata da casa, temos plena convicção de que "a memória das realizações, longe de ancorar a embarcação, impulsiona os ventos de mudança" (Fraiz et al., 1998:3).

A primeira parte deste capítulo narra os principais marcos da instituição, no que se refere ao tratamento dado às coleções digitais, entrelaçados aos avanços da tecnologia. A segunda parte discorre sobre a nova realidade dos acervos trazida pela transformação digital, principalmente diante da emergência de um "novo" campo:

a ciência de dados. Finalmente, a terceira parte se concentra nos investimentos em curso, nos novos papéis dos profissionais e nos desafios a serem superados.

Jornada

Do analógico para o digital. Quando o CPDOC nasceu, no início dos anos 1970, os primeiros sistemas de gerenciamento de bancos de dados relacionais começavam a ser testados (Heuser, 2009). Tais sistemas permitiram a organização e o armazenamento eficiente de grandes quantidades de dados em formatos estruturados, abrindo caminho para que, nas décadas seguintes, ao serem adotados em larga escala, técnicas de indexação e recuperação de informações fossem aprimoradas e acervos pesquisados de forma mais rápida e satisfatória (Souza, 2006).

A década de 1990 viu um aumento significativo na digitalização de acervos por parte das instituições de custódia, que começaram a reconhecer a importância de converter seus documentos físicos para formatos digitais (Weng, 2006; Bettencourt, 2014). A crescente disponibilidade de tecnologia e a conscientização sobre a preservação digital impulsionaram esse processo, permitindo que os acervos fossem protegidos e tornados mais acessíveis. O CPDOC não estava alheio a este chamado. A equipe da Coordenação de Documentação tinha plena consciência de que era necessário informatizar as práticas de gestão e tratamento dos arquivos pessoais e responder às exigências de um mundo cada vez mais digital. Por essa época, na segunda metade da década de 1990, iniciou um longo processo de estudo e planejamento de seu primeiro banco de dados, cujos detalhes podemos conhecer no artigo de Braga (2002).

Com o apoio da equipe de tecnologia da FGV, foi desenvolvido um sistema de informação próprio, contemplando todas as etapas envolvidas no trabalho com documentos de arquivos pessoais, desde o registro de doação à sua liberação ao público. Em 2001, o Accessus, sistema de documentação histórica do CPDOC, estava no ar. Sua implantação permitiu que todo o conteúdo descritivo — até então restrito aos inventários impressos dos arquivos — estivesse acessível eletronicamente por meio de chaves de busca. Foi o início de um novo tempo.

Com o sistema em funcionamento, as fotografias foram as primeiras a serem convertidas para o formato digital, devido principalmente à fragilidade do seu suporte físico. Em 2005, foi a vez dos documentos textuais começarem a ser digitalizados. Nas décadas seguintes, milhares de novos itens foram incorporados ao sistema, incluindo entrevistas de história oral e verbetes do *Dicionário histórico-biográfico brasileiro* (DHBB).

Diversidade do acervo. Os arquivos e coleções do CPDOC têm origens e formatos variados. No caso dos arquivos pessoais, o processo de aquisição é caracterizado pela doação, ou seja, são recebidos diretamente dos próprios titulares, de seus familiares ou outros custodiadores, e abrigam tipos documentais diversos, como correspondências de caráter oficial, relatórios, pareceres, discursos, despachos, atos e diplomas. O primeiro arquivo recebido foi o de Getúlio Vargas quando da criação do CPDOC, e hoje são quase 240 fundos totalizando mais de 2 milhões de documentos. Além dos documentos textuais, há também fotografias, cartazes, discos e filmes que, após receberem tratamento, são abertos à consulta pública.

O plano de concepção do DHBB teve início em meados de 1974. Um dos fatores que motivaram este trabalho foi a organização do Arquivo Getúlio Vargas, diante da necessidade de criar um sistema subsidiário de coleta de dados sobre personagens e instituições ocorrentes no arquivo, numa época de grande "carência informativa"

(Beloch, 1978:29). O lançamento da obra se deu 10 anos depois, em 1984, sob a forma de quatro grandes volumes impressos contendo cerca de 4.500 verbetes. Não demorou muito para tornar-se referência para a comunidade interessada na política brasileira do período pós-1930, que podia agora encontrar as informações organizadas e sistematizadas em um único lugar (Abreu et al., 2001). A disponibilização online em 2010 ampliou ainda mais o público consulente. Hoje, o DHBB contém mais de 7.800 verbetes temáticos e biográficos, e é periodicamente revisado e atualizado.

As primeiras entrevistas de história oral começaram a ser realizadas em 1975, dois anos após a criação do CPDOC. A formação desse acervo também esteve desde o início articulada às atividades de documentação e pesquisa desenvolvidas pelo Centro, e sua finalidade era principalmente complementar e enriquecer os dados históricos contidos nos arquivos. No artigo de Alberti (1998) encontramos detalhes sobre o contexto de constituição deste acervo e do próprio Programa de História Oral, e em Dreer (2008), informações acerca dos padrões de preservação audiovisual em uma perspectiva mais técnica. Em um trabalho recente, Lima (2022) discorre sobre as rotinas e práticas de preservação digital no PHO e identifica os principais obstáculos enfrentados em termos de gestão. Atualmente, o Programa guarda 7.780 horas de gravação, correspondentes a mais de 2.500 entrevistas, estando uma grande parte aberta à consulta, nos formatos vídeo ou texto transcrito.

Estabelecendo as bases. A digitalização do acervo representou um avanço significativo, proporcionando uma compreensão mais aprofundada da riqueza do conteúdo. A estruturação desses dados em um sistema de banco de dados revelou a amplitude que, até então, havia sido apenas superficialmente explorada. No caso dos arquivos pessoais, as consultas eram predominantemente limitadas aos fundos de titulares mais proeminentes, ou aos documentos de temas recorrentes cuja existência era conhecida principalmente pelos catálogos, inventários ou referências em publicações anteriores. Agora, era possível chegar a documentos inéditos, revelados a partir dos novos pontos de acesso que a interface de busca passou a oferecer.

É comum aos usuários que navegam pelo Accessus desconhecerem a complexidade que há por trás do trabalho de organização dos documentos. Com a digitalização, formas de arranjo e descrição precisaram ser, do mesmo modo, convertidas ao novo ambiente a fim de que a recuperação dos itens funcionasse a contento, principalmente para os usuários mais tradicionais. Spohr (2007) descreve em detalhes a metodologia de descrição arquivística adotada pelo CPDOC desde antes da criação do Accessus; e em Castro (2011) podemos conhecer como foi o processo de migração dessas informações para o ambiente virtual.

Mais que ampliar o acesso, a transformação digital criou as condições propícias para a aplicação de técnicas computacionais aos recursos agora disponíveis em formato digital. O acervo se tornou um campo de experimentação para o que há de mais inovador nos domínios da ciência de dados e humanidades digitais.

Um marco de fundamental relevância nessa trajetória foi a parceria iniciada com o Centro de Matemática Aplicada da FGV, em 2010. Este Centro, que se tornaria Escola de Matemática Aplicada (EMAp) no ano seguinte, teve desde sua origem a missão de atuar na aquisição e disseminação do conhecimento científico e tecnológico de base matemática e computacional às ciências humanas e sociais. O acervo do CPDOC apresentava-se como um excelente laboratório de pesquisa, alinhando-se aos interesses dos colegas que desejavam explorar na prática diferentes técnicas e métodos computacionais de modelagem, extração, visualização e análise de dados nos seus variados formatos.

Após algumas conversas e ensaios prévios, em 2010, foram estabelecidas frentes de trabalho baseadas em interesses de pesquisa, unindo participantes das duas unidades. O objetivo era identificar oportunidades para a utilização do conhecimento especializado dos profissionais da EMAp e pensar soluções que levassem o uso do acervo a um novo patamar. As principais linhas de atuação dessas frentes foram: reconhecimento facial e de personagens históricos para o acervo fotográfico, alinhamento automático entre som e texto para as entrevistas e processamento de linguagem natural para os documentos textuais em geral. Essas três vertentes foram reunidas em um projeto denominado Mineração em Imagem, Som e Texto (Mist), e em comum visavam a recuperação inteligente da informação no acervo (Souza et al., 2012; Rademaker et al., 2015). Os esforços conduziram à concepção de protótipos e sistemas-piloto, e trouxeram aquilo que seria mais importante para a equipe do CPDOC: qualificação e um repertório variado de novos conhecimentos. A seguir, oferecemos uma visão geral de cada uma dessas abordagens.

O projeto Mist

Very Important Faces (VIF). Um dos desafios relacionados com o acervo audiovisual está no processo de identificação dos personagens presentes em uma foto. Antes da digitalização, a identificação era feita por meio de silhuetas desenhadas em papel manteiga, mas a impossibilidade de anexar essas silhuetas às imagens digitais obrigou a equipe a descrever as pessoas no campo de legenda, de forma literal, a partir da posição onde se encontravam: "da esquerda para a direita, na primeira fileira..." (Castro, 2011:51). Nesse contexto, surgiu a oportunidade de desenvolver uma solução capaz de abordar, de forma automática ou semiautomática, o problema de associação dos nomes mencionados nas legendas às respectivas faces retratadas nas imagens. As tarefas envolveram a aplicação de técnicas de detecção e reconhecimento de faces, juntamente com a extração de nomes próprios em textos.

A concepção da ferramenta, à qual foi dado o nome de VIF (Sá et al., 2011), teve como foco inicial superar o desafio da detecção de faces em condições não controladas de aquisição. Embora o reconhecimento automático de rostos fosse um tema de pesquisa já maduro à época, coleções fotográficas como as do CPDOC apresentavam características que conferiam um grau de complexidade adicional ao *pipeline*[2] de processamento, tais como: (1) alta frequência de rostos capturados em ângulos não frontais; (2) personagens importantes cercados por uma multidão; e (3) grande quantidade de imagens monocromáticas, com baixa nitidez e apresentando diversos tipos de ruído e fundos não uniformes.

Para a marcação das faces, foi criado um *script* para extrair automaticamente os nomes próprios das legendas. Esses nomes eram então cotejados com a lista de descritores importados do Accessus e, caso ocorresse correspondência, eram exibidos como potenciais personagens da fotografia. Em sequência, o anotador tinha a opção de aceitar, descartar ou mesmo selecionar outros nomes da lista (Vasconcelos, 2012). A partir da marcação dessas faces, o *software* gerava para cada imagem um arquivo de texto (.txt) correspondente. Esse arquivo continha informações sobre as coordenadas espaciais das faces identificadas, os nomes correspondentes e o estado da tarefa (se aprovada ou em análise).

Em paralelo, a equipe também se debruçou no estudo de metadados que pudessem ser incorporados às próprias fotografias, como o Exchange Image File (Exif) e o International Press Telecommunications Council (IPTC). A tecnologia não estava madura o suficiente e

2 Em ciência de dados, o termo *pipeline* refere-se a uma sequência de etapas interconectadas que são executadas em um determinado conjunto de dados para realizar uma tarefa específica.

Figura 1
Interface VIF: módulo de verificação e saída gerada com as anotações de reconhecimento. Projeto piloto

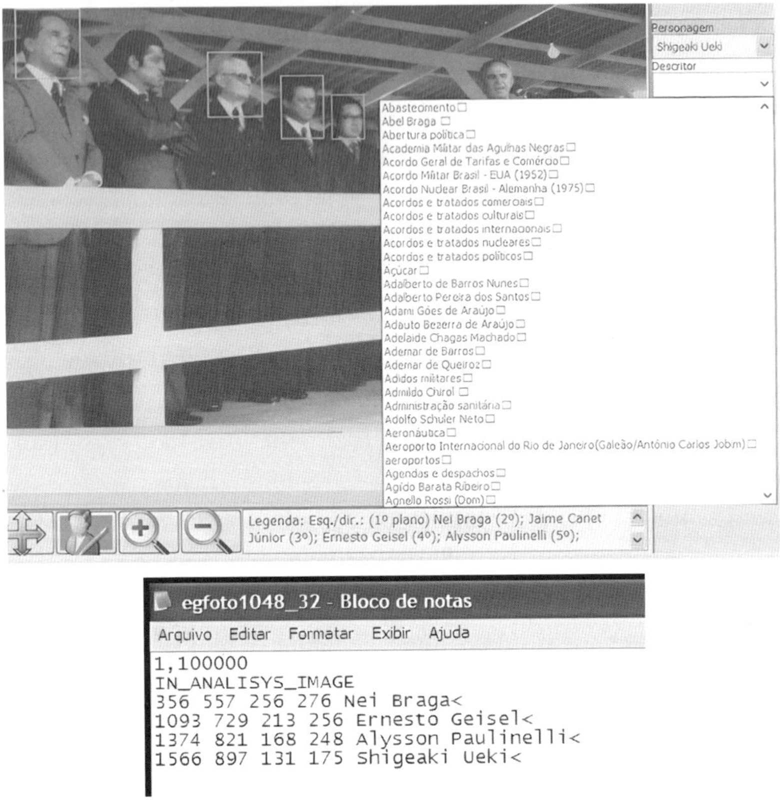

Fonte: FGV CPDOC.

o processo de codificar e decodificar esses dados de forma simplificada ainda representava um desafio. No entanto, as potencialidades pareciam já muito claras: por serem textos pesquisáveis, a adição de títulos, palavras-chave e outras descrições diretamente nos arquivos de imagem seria uma forma de enriquecer seu contexto de produção para diversas aplicações. Assim, o objetivo inicial de atender a necessidade de anotação de personagens importantes em coleções fotográficas também revelou a possibilidade de extração automática de informações (ou a vinculação de metadados preexistentes) das imagens, permitindo estabelecer conexões semânticas com outras coleções do CPDOC. O VIF foi desenvolvido como um projeto de código aberto e disponibilizado para a comunidade no GitHub.[3]

Alinhamento automático de texto e voz. Uma perspectiva bastante promissora para a mineração de dados reside no tratamento das entrevistas armazenadas em formato de áudio e vídeo pelo PHO. Aproveitando as transcrições existentes, a equipe identificou uma oportunidade de pesquisa ao propor o alinhamento automático entre áudio e texto. Esse processo consiste em marcar no arquivo de áudio o trecho correspondente a cada palavra anotada na transcrição. O alinhamento automático permite a visualização simultânea do texto transcrito durante a reprodução da entrevista. Além disso, proporciona uma série de funcionalidades interessantes, tais como realizar buscas e ouvir trechos específicos do áudio em que uma determinada frase ou palavra foi pronunciada.

Utilizando ferramentas de código aberto, como a Hidden Markov Model Toolkit (HTK), e outros recursos linguísticos específicos para a língua portuguesa, o processo de comparação entre o conteúdo textual e os dados de áudio é conduzido por meio da identificação dos fonemas presentes na transcrição. Esse procedimento resulta na geração de um novo arquivo de texto no qual as palavras são representadas por seus fonemas correspondentes. O alinhamento entre os fonemas e os segmentos de áudio é executado empregando um modelo acústico para o português fundamentado em cadeias de Markov (Rademaker et al., 2015). O resultado final consiste em

---

3 Código fonte disponível aqui: https://github.com/crisnv/VIF, e manual do usuário aqui: https://docs.google.com/document/d/1Spv7j-J5aCTai70EvFWm2y-MulRkDY9RwFDF5v1ygziE/pub. Acesso em: 8 jun. 2023.

um arquivo com anotações temporais associadas a cada palavra presente no áudio, oferecendo assim a base para o desenvolvimento de uma interface que permita aos usuários pesquisar por termos na transcrição e, automaticamente, serem direcionados ao momento correspondente no áudio.

Figura 2
Interface de alinhamento som-texto. Projeto piloto

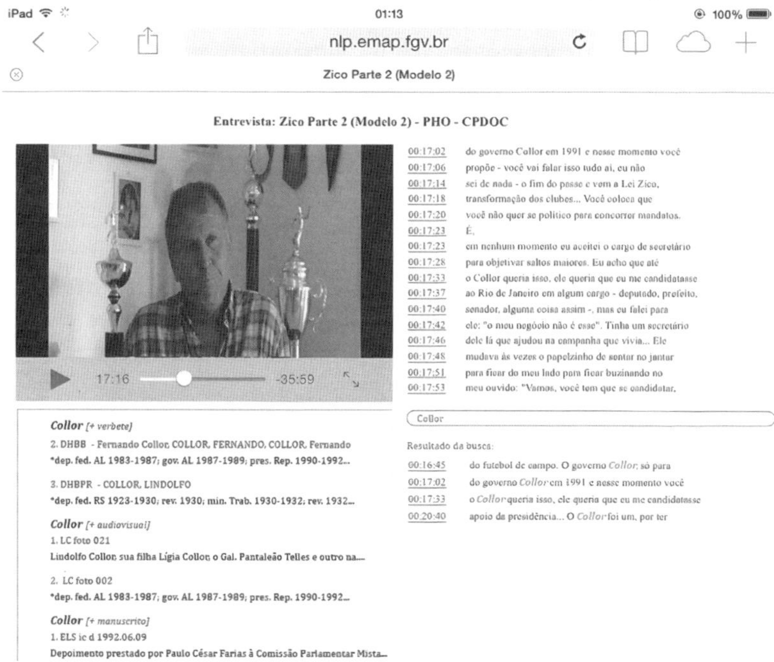

Fonte: FGV CPDOC.

O projeto testou vários pacotes computacionais de relativa complexidade e sofisticação em uma pequena seleção de entrevistas do CPDOC, e obteve um alinhamento som-texto de boa qualidade. Um desdobramento dessa pesquisa, alguns anos depois, foi a orientação do trabalho *Transcrição, alinhamento e criação de legendas em uma base de história oral* (Alvarenga, 2019), que trouxe uma abordagem atualizada das técnicas de reconhecimento automático de fala usando modelos de estado da arte na área. Além de obter uma transcrição automática de qualidade, o objetivo do trabalho foi utilizar uma variação do algoritmo de Needleman-Wunsch[4] para alinhar esse texto com a transcrição feita de forma manual e desprovida de informações de tempo das frases. O resultado é a criação de legendas mais precisas do que seria possível apenas com a transcrição automática.

No horizonte encontra-se a conexão semântica entre os dados de áudio e as demais fontes textuais e audiovisuais existentes no acervo, em um processo de enriquecimento de mão dupla. Com essa possibilidade de integração, cada item tem a possibilidade de coexistir em múltiplos contextos, aumentando sua compreensão por parte dos usuários.

Processamento de Linguagem Natural. A vertente texto do projeto Mist engloba várias iniciativas de processamento de linguagem natural, além de permear todas as outras frentes que, em níveis diferentes de escala, lidam com texto.

O artigo intitulado "Exploratory information extraction from a historical dictionary" (Paiva et al., 2014) descreve as primeiras incursões realizadas no DHBB utilizando técnicas de Processamento de Linguagem Natural (PLN) para a extração automática de informações nos verbetes, como entidades mencionadas do tipo pessoa, organização, lugar e instância de tempo.

Falar sobre PLN é discorrer sobre uma subárea da Inteligência Artificial dedicada a compreender, interpretar e interagir com a linguagem humana por meio de métodos computacionais. No contexto do reconhecimento de entidades nomeadas (NER), diversas abordagens estão disponíveis, desde aquelas que empregam aprendizado de máquina — exigindo amostras de textos anotados para treinar

4 Disponível em: https://pt.wikipedia.org/wiki/Algoritmo_Needleman-Wunsch. Acesso em: 8 jun. 2023.

algoritmos — até as que se baseiam em regras linguísticas. Nesse último caso, a tarefa está intrinsecamente ligada a etapas anteriores do processamento de texto, como a marcação morfossintática. Aqui, cada palavra é analisada em termos de sua função gramatical e sua relação com palavras próximas, determinando se ela atua como substantivo, verbo, adjetivo, entre outros. Também são consideradas informações sintáticas adicionais, como número, gênero, tempo verbal e se o termo exerce a função de sujeito ou predicado.

Figura 3
Exemplo de marcação morfossintática em uma sentença

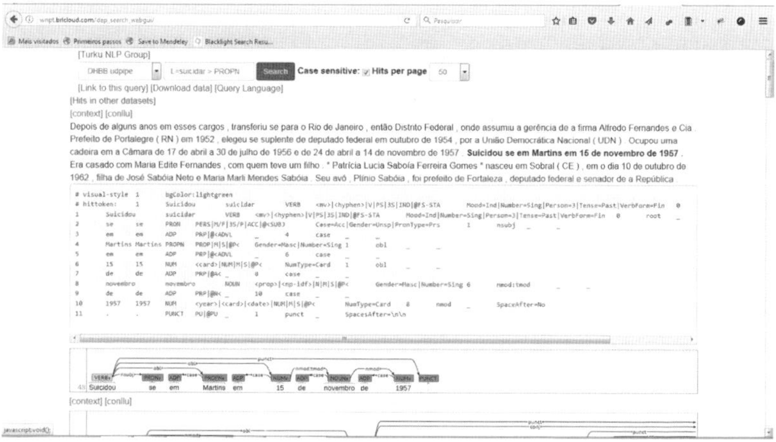

Fonte: FGV CPDOC.

Ao considerar o contexto em que uma palavra foi utilizada, o NER pode descobrir o papel sintático dessa entidade no texto. Por exemplo, quando identifica "Martins" como um nome próprio, por dedução, pode aferir se essa entidade funciona como sujeito, objeto ou em outra função dentro da frase. Assim, o NER e a marcação morfossintática são tarefas complementares no processamento de texto, ajudando a identificar e extrair informações relevantes de um *corpus*.

Em 2015, uma parceria com o IBM Research Lab, intermediada pela FGV EMAp, resultou na criação de uma interface-piloto para visualizar os textos dos verbetes marcados com entidades identificadas pelo analisador do Watson Knowledge Studio, após ser treinado com um gabarito anotado por humanos.

Figura 4
Reconhecimento de entidades nomeadas no IBM Watson Natural Language Understanding/Watson Knowledge Studio. Projeto piloto

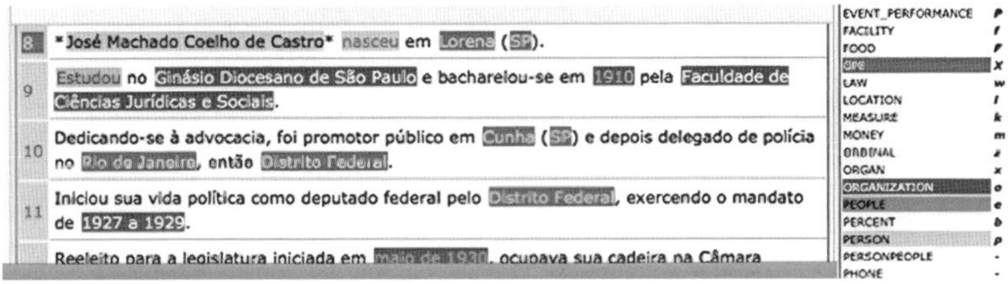

Fonte: FGV CPDOC.

Após os ensaios preliminares, essa abordagem revelou um potencial promissor, oferecendo uma nova perspectiva de análise e exploração dos textos disponíveis.

O projeto Mist não se converteu em produto pelo tamanho da intervenção que seria necessária na estrutura do Accessus, com grande impacto na organização interna da documentação. No entanto, é importante enfatizar que as pesquisas não ficaram restritas ao espaço dessas frentes de trabalho constituídas há mais de 10 anos. Elas também podem ser encontradas nas diversas monografias, dissertações e teses de alunos tanto do CPDOC quanto da EMAp, que elegeram o acervo do CPDOC como objeto empírico dos seus estudos. Além disso, outros projetos realizados posteriormente podem ser considerados desdobramentos dessas primeiras iniciativas, e o próprio Accessus encontra-se em momento de plena reavaliação, diante do amadurecimento de tecnologias como *open linked data* e infraestruturas digitais de dados abertos.

History Lab

Documentos de arquivo como dados. Em meados de 2016, uma parceria com a Universidade de Columbia, através do projeto "History Lab: history as data science",[5] coordenado por Matthew Connelly, proporcionou à equipe a oportunidade de percorrer um *pipeline* completo de análise de grandes volumes de documentos, utilizando técnicas e ferramentas comuns à ciência de dados. Esse trabalho é um bom exemplo das potencialidades e limitações metodológicas encontradas na intersecção entre acervo histórico e ciência de dados, e merece ser examinado com atenção. Encontra-se descrito em detalhes no artigo de Ribeiro e seus colegas (2020), mas a seguir destacamos os pontos mais interessantes para o contexto deste capítulo.

Criado como uma resposta ao desafio crescente de lidar com a enorme quantidade de informações presentes nos arquivos históricos, o History Lab é um projeto que busca integrar documentos dispersos de diversas origens — a maioria arquivos do governo norte-americano —, em um banco de dados comum, promovendo a pesquisa histórica de forma inovadora e acessível.

Em colaboração com os colegas da EMAp, uma seleção de documentos do arquivo pessoal de Antonio Azeredo da Silveira (1917-90), referente ao período em que atuou como ministro das relações exteriores no governo Geisel (1974-79), foi integrada à plataforma. A série, composta por cerca de 67 mil páginas de quase 10.500 documentos, abrange temas que teriam maior chance de conexão com as outras coleções disponíveis no History Lab, e por isso o critério da sua escolha: há uma grande quantidade de documentos de relações exteriores dos anos 1970, o período específico que compreende a maioria dos documentos das coleções americanas.

---

[5] Disponível em: http://history-lab.org/. Acesso em: 12 jul. 2023.

OCR. O trabalho iniciou com a tarefa de transformação das imagens digitais de cada página de documento para o formato texto, num processo chamado *optical character recognition* (OCR). Essa é uma etapa de fundamental importância porque a qualidade dos textos resultantes impactará os outros processos. No caso do Arquivo Azeredo da Silveira, encontramos documentos escritos à mão que não puderam ter seus textos reconhecidos e páginas contendo riscos, rasuras e outras marcas gráficas que prejudicaram a conversão. A hifenização também constituiu um problema. Foi necessária uma grande limpeza de dados e a correção de termos não dicionarizados,[6] e para isso usamos basicamente códigos com expressões regulares e bibliotecas de predição do Python.[7] Dessa forma, foi possível corrigir de modo mais dinâmico conjuntos de palavras identificadas erroneamente, como "politica", "pol1tica" e "polít1ca" para a palavra "política". Com esse procedimento, conseguimos uma redução de 25% do número total de termos não dicionarizados, caindo de 2,1 milhões para 528 mil, aproximadamente. O resultado foi um *corpus* de qualidade razoável, mas suficientemente bom para as aplicações em vista.

Topic modeling. A modelagem de tópicos é uma técnica que utiliza algoritmos para identificar automaticamente temas dentro de uma vasta, e em geral não estruturada, coleção de textos. Em linhas gerais, um tópico seria como um "padrão recorrente de coocorrência de palavras", ou seja, a observação de que certas palavras tendem a aparecer juntas com frequência em um determinado contexto.

---

6 Termos não dicionarizados referem-se a palavras ou expressões que não estão presentes em um dicionário padrão ou não são reconhecidas como termos válidos pela ferramenta de processamento de linguagem natural. São boas pistas para a localização de erros.

7 Python é uma linguagem de programação muito utilizada em desenvolvimento de aplicativos, desenvolvimento web, *data science* e *machine learning*. Foi utilizada em todas as etapas do trabalho.

Quando esses padrões são identificados, isto é, quando palavras específicas são frequentemente encontradas próximas umas das outras, isso indica uma associação ou relação entre elas. Por exemplo, "nuclear", "acordo", "energia", "nucleares", "brasil", "urânio", "armas", "tecnologia", "rfa" e "tratado" formou um agrupamento que chamamos de Nuclear Brazil.

Na série Azeredo da Silveira, foi empregado o método estatístico conhecido como Latent Dirichlet Allocation (LDA) (Blei, 2012). O LDA é uma abordagem de modelagem não supervisionada, em que os tópicos são automaticamente definidos pelo programa, com intervenção humana limitada à definição de parâmetros, remoção de termos sem importância semântica (como *stopwords*) e criação de filtros para excluir documentos irrelevantes para a análise. Como vimos, a construção dos tópicos é baseada na frequência das palavras, suas correlações nos documentos e a relevância (grau de frequência) do tópico em todo o *corpus*, e a modelagem é realizada com base na distribuição probabilística dos tópicos nos documentos, de acordo com um *score* que representa a probabilidade de associação entre tópicos e documentos. Ao final, o especialista do domínio precisa conferir em uma amostra de documentos se a associação aos tópicos fez sentido, para então validar e dar um título a esses tópicos.

Named Entity Recognition (NER). O reconhecimento de entidades nomeadas também é uma técnica do campo de Processamento de Linguagem Natural (PLN) que visa identificar e classificar entidades específicas em textos. Essas entidades podem ser nomes de pessoas, organizações, locais, datas, valores monetários, expressões de tempo, entre outros tipos. O objetivo é extrair informações relevantes das palavras em um texto e atribuir a elas uma categoria específica. Por exemplo, em uma frase como "Azeredo da Silveira assinou em Bonn o Acordo nuclear Brasil-Alemanha", o NER seria capaz de reconhecer "Azeredo da Silveira" como uma entidade nomeada do tipo pessoa; "Bonn" como uma entidade do tipo local; e "Acordo nuclear Brasil-Alemanha" como um documento.

Para extrair as entidades dos "Azeredo Papers", utilizamos o Palavras, analisador morfossintático voltado para o português (Bick, 2000). A ferramenta trabalha com a sintaxe, ou seja, a classe gramatical do termo-alvo, e com a semântica da vizinhança de cada palavra de modo a identificar seu real significado. Por exemplo, "Getúlio Vargas" é o nome de um ex-presidente brasileiro, mas também pode se referir a uma organização (Fundação Getulio Vargas) ou a um local (avenida Getúlio Vargas). Com o processamento de linguagem natural, é possível diferenciar os termos homônimos e extrair apenas a informação que for relevante para o processo de mineração de dados.

Apesar da alta precisão do Palavras, é importante ressaltar suas limitações quando lidamos com textos que contêm erros de OCR, como é o nosso caso. Esses erros comprometem a capacidade da ferramenta em identificar corretamente as propriedades sintáticas e semânticas das palavras em seu contexto. Consequentemente, parte da precisão é comprometida, o que exige a adoção de estratégias alternativas. Diante dessa situação, foi decidido modificar a abordagem da mineração. Por exemplo, consideremos a extração do termo "Getúlio Vargas". Normalmente, a extração seria feita com base em uma condição, como ilustrado no pseudocódigo a seguir: "Se Getúlio Vargas for uma pessoa, então extraia os dados". No entanto, devido à menor precisão da ferramenta, uma condição alternativa foi elaborada: "Se Getúlio Vargas não for uma organização ou se Getúlio Vargas não for um lugar, então extraia os dados". Essa abordagem alternativa permitiu reduzir o número de falsos negativos sem aumentar o número de falsos positivos, compensando a perda de precisão anteriormente mencionada. Dessa forma, ao reconhecer as limitações do Palavras diante de erros de OCR, foi possível adotar estratégias adaptativas que preservassem a qualidade dos resultados, minimizando as omissões sem introduzir imprecisões adicionais.

Integração ao History Lab. A integração do acervo e das bases contendo os resultados dos processamentos à plataforma foi um desafio à parte. O History Lab oferece aos usuários uma busca ampliada aos documentos, usando os Tópicos derivados da modelagem e entidades como Pessoa e País extraídas da tarefa de reconhecimento de entidades. Esses termos são sugeridos conforme o usuário digita na busca, uma vez que são listas controladas. Além disso, outros metadados vindos da base original também foram incorporados nessa busca. O resultado é uma lista onde aparecem o título do documento, a coleção da qual faz parte, o código de classificação e a data de produção. Ao clicar nas ocorrências, os usuários podem acessar o texto obtido por meio do OCR e têm a opção de visualizar o documento digitalizado pela URL fornecida.

Figura 5
Interface de pesquisa do History Lab, projeto em parceria com a Universidade de Columbia

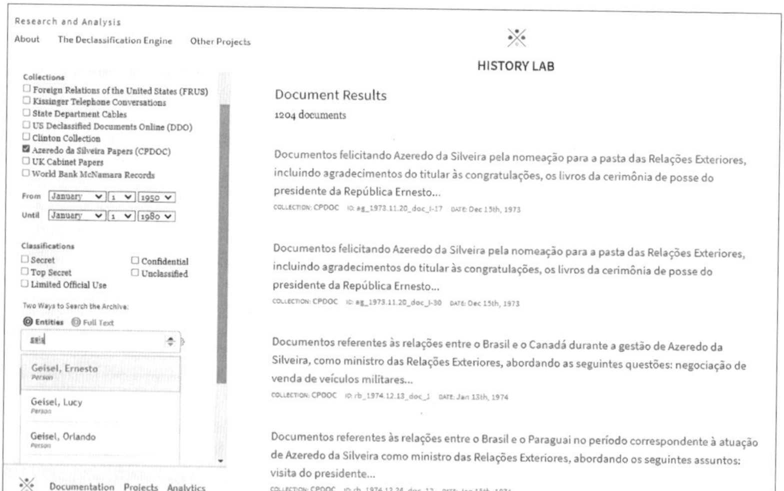

Fonte: Página do History Lab na Internet.[8]

---

8 Disponível em: http://history-lab.org/search. Acesso em: 9 jul. 2023.

A etapa de organização dos documentos na estrutura do sistema exigiu atenção especial, uma vez que era necessário criar uma lógica que vinculasse cada documento às suas respectivas versões: o cadastro no Accessus, as imagens das páginas dos documentos (JPG e TIF) e os textos extraídos do OCR (TXT). Os arquivos não possuíam uma identificação que os vinculasse aos documentos cadastrados no Accessus, sendo apenas nomeados de forma sequencial. Devido ao uso de um visualizador web de uma empresa terceirizada, não havia acesso ao arquivo de índice necessário para exibir corretamente as páginas dos documentos, exigindo reindexação das imagens para associá-las às novas versões.

Um programa em Python foi criado para identificar a ordem dos arquivos e atribuir nomes que tornassem as diferentes versões compatíveis. Essa tarefa demandou tempo devido a várias quebras de sequência entre os arquivos, decorrentes da remoção de imagens comprometidas durante o processo de OCR. Após essa etapa, foi preciso reunir novamente os arquivos TXT, que estavam separados por página, para que cada conjunto correspondesse a um documento completo. Essa reorganização foi fundamental para a modelagem de tópicos, que exige arquivos corretamente agrupados por documento.

Na etapa final, metadados foram inseridos nas tabelas SQL da base de dados por meio de um programa apropriado para criar tabelas relacionais, e compreenderam o ID do documento, tema, palavras-chave, corpo de texto, data, coleção, idioma e URL. Um código foi desenvolvido para integrar os dados usando uma biblioteca que alimenta o SQL via *scripts*. Dessa forma, concluímos a integração dos documentos do Arquivo Azeredo da Silveira na plataforma digital History-Lab,[9] com resultados do processamento textual expandindo as buscas e proporcionando formas inéditas de visualização de dados.

9 Disponível em: http://history-lab.org/search. Acesso em: 12 jul. 2023.

Essa pesquisa inspirou outros estudos, como o de Marques (2021), que também aplicou técnicas de mineração textual em documentos digitalizados do arquivo pessoal de Juarez Távora, notável figura do tenentismo e influente político até a década de 1970. Ambos os trabalhos evidenciaram os desafios inerentes ao uso dessa abordagem em arquivos históricos digitalizados, abrangendo desde a extração de texto das imagens até a seleção dos parâmetros adequados para a utilização das ferramentas.

Conexões à vista

A tecnologia avançou, os métodos amadureceram e inovações no campo da ciência de dados nos surpreendem a cada dia. Muitas das tarefas relatadas acima podem ser executadas hoje com muito menos esforço e de forma mais ágil. Se em 1993, Charles Dollar expressou sua crença de que "o que vemos não passa de uma marola, que na próxima década, ou antes, se transformará em maremoto" (Dollar, 1994:68), se referindo aos avanços da tecnologia digital, podemos dizer que, de fato, grandes ondas nos trouxeram até este ponto e continuarão nos impulsionando em direção a novos horizontes, desde que saibamos manejar as ferramentas adequadas para essa jornada.

O diálogo estabelecido com a EMAp foi um grande e importante estímulo para o desenvolvimento da *expertise* interna e para a generalização do interesse em métodos computacionais. Embora o caráter multidisciplinar da formação de seus pesquisadores e técnicos e a interdisciplinaridade na prática cotidiana das atividades sejam marcas distintivas do CPDOC desde que foi criado, o processo de digitalização tornou essas características ainda mais relevantes. As experimentações relatadas resultaram em muitas discussões internas e motivaram a equipe a buscar qualificação em áreas distintas, como ciência da informação, linguística computacional e humanidades digitais, além de promover palestras e debates com pesquisadores atuantes nessa seara. A produção de conhecimento alcançou patamares inimagináveis, expandindo a capacidade de aprendizado da equipe no que diz respeito à construção de métodos e técnicas úteis para o exercício da curadoria de acervos histórico-documentais.

A questão do aprimoramento do Accessus, ou mesmo sua substituição por um sistema de gestão de fontes digitais mais adequado às demandas do presente, tem sido uma preocupação da equipe desde há muito tempo. Os estudos realizados[10] e os esforços despendidos nos diversos projetos relatados constituem pontes para a construção de uma arquitetura de dados que incorpore tecnologias capazes de melhorar a forma como as informações são acessadas e disponibilizadas para os usuários. O investimento inclui estratégias de adoção de padrões abertos de descrição, que permitam que os documentos sejam representados de forma mais duradoura e estável, e, ainda, facilitem o intercâmbio com outros recursos da rede.

Nesse sentido, a interoperabilidade é essencial para guiar o tratamento de dados, permitindo a troca de informações entre instituições, enriquecendo descrições, interligando dados contextuais de itens digitalizados e facilitando o acesso público integrado. Essa abordagem requer um formato específico para descrever as informações dos itens no acervo, a fim de que a conexão se estabeleça. No âmbito das coleções digitais, padrões de metadados compreendem um conjunto de elementos descritivos empregados para apresentar as características de um objeto ou documento, e servem como pontos de acesso ao documento em sistemas de busca e recuperação de informações (Ibram, 2020).

---

10 Souza et al. (2012); Rademaker et al. (2015); Alves et al. (2016); Ribeiro et al. (2018); Higuchi et al. (2021).

Linked open data e infraestruturas digitais. No contexto da web semântica e *do linked open data* (dados abertos e interligados), a importância de abrir os dados do acervo é ainda mais evidente. A web semântica busca transformar a web atual em um ambiente onde as máquinas possam compreender e interpretar os dados de maneira mais inteligente. Por sua vez, o conceito de *linked open data* propõe que os dados sejam disponibilizados em formatos padronizados, utilizando identificadores únicos e estabelecendo relações semânticas entre eles. Dessa forma, promovemos uma maior inteligência e conectividade dos dados, ampliando o potencial de descoberta e uso das informações.

No campo do patrimônio e cultura, existem diversas iniciativas interessantes que têm como objetivo reunir e compartilhar dados de coleções de forma aberta e aderente aos princípios da web semântica por meio de infraestruturas digitais. Há muitos estudos nesta área[11] e as tecnologias vêm sendo adotadas, em maior ou menor escala, pela comunidade Glam.[12] O projeto Europeana,[13] por exemplo, reúne mais de 50 milhões de itens de instituições europeias e/ou relacionados com o continente. Já o projeto Rossio[14] disponibiliza mais de 6,5 milhões de registros sobre o patrimônio cultural português. Aqui no Brasil, temos a BN Digital, que oferece o acesso livre a quase 3 milhões de documentos, imagens, manuscritos e outros materiais de valor histórico e cultural de coleções da Biblioteca Nacional e de instituições parceiras nacionais e internacionais. Uma das ações do CPDOC para se alinhar às iniciativas da comunidade Glam tem sido o compartilhamento de dados do seu acervo nessas plataformas

11 Souza et al. (2012); Marcondes (2022); Silva et al. (2022).

12 Glam, acrônimo em inglês para galerias, bibliotecas, arquivos e museus (*galleries, libraries, archives, museums*).

13 Disponível em: www.europeana.eu/. Acesso em: 11 maio 2023.

14 Disponível em: https://rossio.pt/. Acesso em: 11 maio 2023.

interoperáveis, como a Europeana, a Brasiliana Fotográfica[15] e, em breve, também o Rossio.

Assim, a digitalização trouxe desafios no que se refere à gestão dos objetos a serem preservados. Vimos que normas, padrões e formatos são de fundamental importância, pois estabelecem as regras de descrição que permitirão tanto maximizar o acesso ao acervo quanto a reutilização das informações, independentemente de plataformas computacionais. Continuamos dedicados à pesquisa das abordagens mais eficazes para expandir a estrutura do acervo digital, buscando aderência aos princípios Fair[16] que garantem a qualidade na gestão e na disponibilização dos dados.

Na esteira da ciência de dados. A inteligência artificial e as técnicas trazidas pela ciência de dados têm se mostrado promissoras no tratamento de acervos como os do CPDOC, principalmente quando estamos a falar de volumes consideráveis de dados. As ferramentas de OCR foram se aperfeiçoando e hoje, com a ajuda da Inteligência Artificial e dos modelos de linguagem de larga escala (LLMs), conseguimos resultados de reconhecimento muito melhores, pois esses modelos são treinados em grandes quantidades de texto para aprender padrões linguísticos e gerar texto coerente e relevante. Na área de processamento de imagens, a utilização de redes neurais e de reconhecimento de padrões possibilita o aprimoramento de fotografias antigas, eliminando ruídos indesejados, melhorando a nitidez e corrigindo variações de iluminação. O resultado são imagens de alta qualidade, resguardando-se suas características históricas. Quando o assunto é transcrição automática de entrevista, modelos abertos de reconhecimento de fala baseado em aprendizado de máquina

15 Disponível em: https://brasilianafotografica.bn.gov.br/. Acesso em: 11 maio 2023.

16 Fair é um acrônimo para dados facilmente localizáveis (*findable*), acessíveis (*accessible*), interoperáveis (*interoperable*) e reutilizáveis (*reusable*).

conseguem entregar, hoje, ótimos resultados, significando economia de tempo e recursos nessa tarefa. Por fim, os avanços na área refinaram as técnicas para identificar e extrair informações relevantes dos textos, realizar busca semântica em bancos de dados vetoriais e integrar as diversas coleções de forma mais simples e ágil.

Estamos no momento de rever os processos já trabalhados para adaptar às novas técnicas. Todas as pesquisas realizadas até aqui geraram conhecimento e tiveram desdobramentos, e os projetos em curso apontam para o que se pode esperar das próximas décadas.

Considerações finais

Apresentamos neste capítulo reflexões sobre os desafios e oportunidades que se colocam no plano de atualização e modernização de acervos digitais como os do CPDOC, e algumas estratégias de ampliação do acesso utilizando ciência de dados.

Por meio de técnicas de mineração, aprendizado de máquina e análise estatística, é possível identificar padrões, tendências e relações ocultas nos dados históricos. Isso não apenas enriquece nosso conhecimento sobre o acervo, mas também nos ajuda a extrair *insights* valiosos e a fazer conexões significativas entre documentos e contextos de produção.

Nos últimos anos, a instituição tem investido em projetos que conjugam melhores práticas visando desenvolver produtos que potencializem a difusão e a acessibilidade dos recursos para um público cada vez maior. Para além de todas as iniciativas apontadas, podemos esperar novidades. Temos hoje frentes de pesquisa, mais ou menos coordenadas, para tratar diferentes formas de integração semântica entre as coleções e a apropriação e reúso dos dados por especialistas e pelo público em geral. Há seguramente muitas surpresas no horizonte.

Referências

ABREU, Alzira A. et al. (Org.). *Dicionário histórico-biográfico brasileiro pós-1930*. Rio de Janeiro: FGV, 2001.

ALBERTI, Verena. *O acervo de história oral do CPDOC*: trajetória de sua constituição. Rio de Janeiro: CPDOC, 1998.

ALVARENGA, Lucas Meireles Tomás de. *Transcrição, alinhamento e criação de legendas em uma base de história oral*. Dissertação (mestrado em matemática aplicada) — Escola de Matemática Aplicada, Fundação Getulio Vargas, Rio de Janeiro, 2019.

ALVES, Carolina et al. Arquivos pessoais, disponibilização e acesso na web: o caso do CPDOC. In: SEMINÁRIO NACIONAL DO CENTRO DE MEMÓRIA — UNICAMP, VIII, 2016, Campinas. *Anais*... 2016.

BELOCH, Israel. *Dicionário histórico-biográfico brasileiro*: dilemas na elaboração de um dicionário de história política. *Revista de Ciência Política*, v. 21, n. 3, p. 29-52, 1978.

BETTENCOURT, Angela M. Monteiro. *A representação da informação na Biblioteca Nacional*: do documento tradicional ao digital. Rio de Janeiro: Fundação Biblioteca Nacional, 2014.

BICK, Eckhard. *The parsing system palavras*: automatic grammatical analysis of Portuguese in a constraint grammar framework. Dinamarca: Aarhus University Press, 2000.

BLEI, David. Probabilistic topic models. *Communications of the ACM*, v. 55, n. 4, p. 77-84, 2012.

BRAGA, Suely. *Accessus*: sistema de documentação histórica do CPDOC. Rio de Janeiro: CPDOC, 2002.

CASTRO, Renan M. *A recuperação da informação sob a ótica dos usuários*: um estudo de caso do uso da base de dados Accessus. Dissertação (mestrado) — Programa de Pós-Graduação em História, Política e Bens Culturais, Fundação Getulio Vargas, Rio de Janeiro, 2011.

DREER, Marco. Estratégias de preservação de longo prazo em acervos sonoros e audiovisuais. In: ENCONTRO NACIONAL DE HISTÓRIA ORAL, 9., 2008, São Leopoldo, RS. *Anais*... Rio de Janeiro: Associação Brasileira de História Oral; São Leopoldo, RS: Unisinos, 2008.

DOLLAR, Charles. Tecnologias da informação digitalizada e pesquisa acadêmica nas ciências sociais e humanas: o papel crucial da arquivologia. *Estudos Históricos*: CPDOC 20 anos, Rio de Janeiro, v. 7 n. 13, p. 65-80, 1994.

FRAIZ, Priscila et al. (Ed.). CPDOC: 25 anos. *Estudos Históricos*, Rio de Janeiro, v. 11, n. 21, p. 3-9, 1998.

HEUSER, Carlos Alberto. *Projeto de banco de dados*. Porto Alegre: Bookman Editora, 2009. v. 4. (Série Livros didáticos informática UFRGS).

HIGUCHI, Suemi; FREITAS, Cláudia; SANTOS, Diana. Automatic Information Extraction: A Distant Reading of the Brazilian Historical-Biographical Dictionary. In: COMPUTATIONAL PROCESSING OF THE PORTUGUESE LANGUAGE. PROPOR 2022. Springer, 2022, v. 13208, p. 148-155.

IBRAM. *Acervos digitais nos museus*: manual para realização de projetos. Instituto Brasileiro de Museus; Universidade Federal de Goiás. Brasília, DF: Ibram, 2020.

LIMA, Ninna de Araújo Carneiro. *Preservação digital no Programa de História Oral do CPDOC*: rotinas e práticas de gestão e preservação. Dissertação (mestrado) — Programa de Pós-Graduação em História, Política e Bens Culturais, Fundação Getulio Vargas, Rio de Janeiro, 2022.

MARCONDES, Carlos Henrique. Um modelo de curadoria para integrar acervos digitais em memória e cultura publicados na web como dados abertos interligados. *Fronteiras da Representação do Conhecimento*, v. 1, p. 26-56, 2022.

MARQUES, Juliana. *Disputas intraelites e agendas distributivas no Brasil rural de 1920 a 1945*: mineração de texto no Arquivo Juarez Távora. Tese (doutorado em sociologia) — Instituto de Estudos Sociais e Políticos, Universidade Estadual do Rio de Janeiro, Rio de Janeiro, 2021.

PAIVA, Valéria et al. Exploratory information extraction from a historical dictionary. In: IEEE 10th International Conference on eScience (eScience). São Paulo, 2014. v. 2, p. 11-18.

RADEMAKER, Alexandre et al. A linked open data architecture for the historical archives of the Getulio Vargas Foundation. *International Journal on Digital Libraries*, v. 15, n. 2-4, p. 153-167, 2015.

RIBEIRO, Marcelo; MORELLI, Alexandre; SOUZA, Renato Rocha. Data mining with historical data. In: In: CONGRESSO INTERNACIONAL EM HUMANIDADES DIGITAIS NO RIO DE JANEIRO, I, 2018, Rio de Janeiro. *Anais*... [S.l.], 2018. p. 384-392.

RIBEIRO, Marcelo Barata. *Modelagem de tópicos e interpretabilidade*: uma proposta de visualização de resultados implementada em D3.js. Dissertação (mestrado em matemática aplicada) — Escola de Matemática Aplicada, Fundação Getulio Vargas, Rio de Janeiro, 2020.

SÁ, Asla Medeiros et al. Very important faces: yet another character annotation tool. In: INTERNATIONAL SYMPOSIUM ON VIRTUAL REALITY, ARCHAEOLOGY AND CULTURAL HERITAGE VAST, 12th, 2011, Prato.

SILVA, Gonçalo Melo et al. Rossio infrastructure: a digital humanities platform to explore the Portuguese cultural heritage. *Information*, v. 13, n. 2, p. 50, p. 1-17, 2022. Disponível em: https://doi.org/10.3390/info13020050. Acesso em: 11 maio 2023.

SOUZA, Renato Rocha. Sistemas de recuperação de informações e mecanismos de busca na web: panorama atual e tendências.

Perspectivas em Ciência da Informação, v. 11, n. 2, p. 161-173, 2006.

______ et al. The CPDOC semantic portal: applying semantic and knowledge organization systems to the Brazilian contemporary history domain. In: INTERNATIONAL ISKO CONFERENCE — Categories, relations and contexts in knowledge organization, 12th, 2012, Mysore. *Proceedings*... Würzburg: Ergon-Verlag, 2012. v. 13, p. 262-267.

SOUZA, Renato Rocha et al. Tesauro do regime militar brasileiro. In: ENANCIB 2014, 2014, Belo Horizonte. *Anais*... Belo Horizonte: Editora UFMG, 2014. v. 1, p. 1103-1112.

SPOHR, Martina. *De procedimentos a metodologia*: políticas de arranjo e descrição nos arquivos privados pessoais do CPDOC. Trabalho de conclusão de curso (especialização em organização, planejamento e direção de arquivos) — Arquivo Nacional; Universidade Federal Fluminense, Rio de Janeiro; Niterói, 2007.

VASCONCELOS, Cristina. N. et al. Structuring and embedding image captions: the V.I.F. multi-modal system. In: VAST: INTERNATIONAL SYMPOSIUM ON VIRTUAL REALITY, ARCHAEOLOGY AND INTELLIGENT CULTURAL HERITAGE, 2011, Brighton, UK. VAST: International Symposium on Virtual Reality, Archaeology and Intelligent Cultural Heritage. Brighton, UK: Eurographics Association, 2012. p. 25-32.

WENG, Cathy; MI, Jia. Towards accessibility to digital cultural materials: a FRBRized approach. *OCLC Systems & Services*: International Digital Library Perspectives, v. 22, n. 3, p. 217-232, 2006.

Sobre os autores

Adelina Novaes e Cruz

Pesquisadora e professora da Escola de Ciências Sociais FGV CPDOC. Coordenadora da Pós-graduação em Cinema Documentário da FGV e cocoordenadora do Núcleo de Audiovisual e Documentário do CPDOC. Coordenadora e curadora do Cineclube FGV e do projeto "IGTV Personagens da História". Uma das idealizadoras e produtoras do projeto de história oral — Memória do Cinema Documentário Brasileiro: histórias de vida, e da Rede Arquivo de Mulheres (RAM), parceria entre o CPDOC, o IEB (USP), IMS Rio e Arquivo Nacional. Integra a equipe de Difusão do CPDOC. Redatora e editora dos textos, e da pesquisa iconográfica, subordinados à Brasiliana Fotográfica. Graduada em ciências sociais pelo IFCS e pós-graduada *lato sensu* em Cinema Documentário pela FGV.

Carolina Gonçalves Alves

Analista de documentação e informação do FGV CPDOC e atualmente coordenadora da Documentação (2023-). É integrante do Comitê Executivo da Rede Arquivos de Mulheres (RAM), fruto de uma parceria entre o CPDOC e o IEB da USP. Tem experiência na área de sociologia, com ênfase em sociologia da cultura, atuando principalmente com os temas: raça, gênero, poder e representação.

Trabalha na organização e gestão de documentos históricos e reflete sobre a sub-representação de mulheres nas instituições arquivísticas. Doutora pelo Programa de Pós-Graduação em Ciências Sociais da Universidade do Estado do Rio de Janeiro (PPCIS Uerj), mestre em ciências sociais pelo mesmo programa e graduada em ciências sociais pela Uerj.

Celso Castro

Professor e atual diretor do FGV CPDOC, é doutor em antropologia social (Museu Nacional, UFRJ) e historiador. Sua principal linha de pesquisa refere-se ao estudo dos militares, tema sobre o qual publicou diversos livros, destacando-se: *O espírito militar* (Zahar, 1990, 3. ed. rev., 2021), *Os militares e a República* (Zahar, 1995), *A invenção do Exército brasileiro* (Zahar, 2002) e *Exército e nação* (FGV, 2012). Organizou vários livros baseados em entrevistas de história oral sobre os militares na história brasileira pós-1964 que inclui a trilogia *Visões do Golpe* (1994), *Os anos de chumbo* (1994) e *A volta aos quartéis* (1995), publicada pela Editora Relume-Dumará; e *Ernesto Geisel* (1997), *Militares e política na Nova República* (2000), *Missão Haiti* (2019), *Operação Acolhida* (2022) e *Forças Armadas na segurança pública* (2023), publicados pela Editora FGV. Publicou, pela Editora Routledge, a trilogia *Qualitative methods in military studies* (2013), *Researching the military* (2016) e *Understanding the impact of social research on the military* (2022). Na área de ciências sociais, organizou e publicou *Franz Boas — antropologia cultural* (Zahar, 2004), *Evolucionismo cultural* (Zahar, 2005), *História do turismo no Brasil* (FGV, 2013), *Textos básicos de sociologia* (Zahar, 2014), *Cultura e personalidade* (Zahar, 2015), *Introdução às ciências sociais* (FGV, 2015), *Textos básicos de antropologia* (Zahar, 2016) e *Além do cânone: para ampliar e diversificar as ciências sociais* (FGV, 2022). Coordena, desde sua criação, em 2008, o projeto "Memória das Ciências Sociais", que conta com mais de 150 entrevistas realizadas e disponibilizadas publicamente (https://cpdoc.fgv.br/cientistassociais). Ganhou os prêmios "Inovação no ensino de antropologia" (ABA e Fundação Ford, 2006) e "Divulgação científica em ciências sociais" (Anpocs, 2021).

Daniele Amado

Analista de documentação e informação do FGV CPDOC e professora permanente do Programa de Pós-graduação em História, Política e Bens Culturais da mesma instituição (PPHPBC FGV CPDOC). Coordena o projeto de pesquisa aplicada "Difusão e Educação Patrimonial do acervo histórico do CPDOC" e a iniciativa "Escola no Acervo". Coordena ainda o projeto de extensão "Café com arquivo: o documento em debate", em parceria com o Departamento de Arquivologia da Universidade Federal do Estado do Rio de Janeiro (Unirio). Membro do Conselho Estadual de Arquivos (Conearq). Doutora pelo Programa de Pós-graduação em História da Unirio. Foi coordenadora do Programa de Arquivos Pessoais e coordenadora de Documentação do CPDOC.

Juliana Marques

Pesquisadora plena no FGV CPDOC, integra o Centro para o Estudo da Riqueza e da Estratificação Social (Ceres). Possui Doutorado em sociologia pelo Iesp-Uerj, mestrado em sociologia & antropologia e graduação em ciências sociais pela UFRJ. Foi contemplada com Menção Honrosa no Prêmio Capes de Teses e com o prêmio anual de Melhor Tese de Doutorado em Sociologia defendida em seu programa de Pós-Graduação. Foi visitante no Departamento de Ciência Política da Universidade de Zurique, na Suíça, e atuou como jurada do 63º Prêmio Jabuti, na categoria Ciências Sociais. Seus interesses de pesquisa cobrem humanidades digitais, políticas sociais e relações entre elites e o Estado.

Martina Spohr
Graduada em história pela UFRJ (2006); especialista em planejamento, organização e direção de arquivos pelo Arquivo Nacional/ Universidade Federal Fluminense (UFF) (2007). Mestre em história pela UFF (2010). Doutora em história social pela UFRJ (2016). Atualmente é Professora adjunta, editora-chefe da revista *Estudos Históricos* e coordenadora do Laboratório de Estudos sobre Estado, Poder e Sociedade (Laeps) da Escola de Ciências Sociais (FGV CPDOC).

Priscila Bittencourt
Doutoranda pelo Programa de Pós-Graduação em Comunicação da Uerj. Integrante do Grupo de Pesquisa Comunicação, Arte e Cidade. Colaboradora do projeto "Novos olhares sobre o arquivo: visualidade, difusão e educação nos arquivos de mulheres do CPDOC". Graduada em ciências sociais pela UFRJ, com formação voltada para antropologia visual. Foi responsável pelo audiovisual do projeto de "Inventário Participativo de Pessoas e Memórias do Museu de Arqueologia de Itaipu" (2017-19). É diretora presidente da Associação Cultural Peneira, instituição que atua no Rio de Janeiro com projetos artísticos ligados à memória, cidade e conexão entre pessoas, na qual dirigiu os espetáculos *Sorte ou revés* (2019) e *Pasmado* (2022).

Renato Rocha Souza
Graduado em engenharia elétrica, mestre em engenharia de produção, doutor em ciência da informação e pesquisador em quatro pós-doutorados em ciência da computação e humanidades digitais (UK, USA e Áustria). É professor titular e pesquisador do FGV CPDOC; professor colaborador da Escola de Ciência da Informação da Universidade Federal de Minas Gerais (UFMG); professor colaborador da Faculdade de Letras da Universidade de Coimbra;

e *lecturer* na Universidade de Viena. Investigador principal em projetos de pesquisa nos domínios de finanças, ciência política, direito, economia e demografia, saúde pública, humanidades digitais e educação.

Roger Camacho Barrero Junior
Doutor em história pela Universidade Federal do Rio Grande do Sul (UFRGS), desde 2021, e mestre em história pela Universidade Federal de São Paulo (Unifesp), desde 2015. Atualmente trabalha em um projeto de pós-doutorado no FGV CPDOC. Bacharel e licenciado em história desde 2013, tem experiência nas áreas de gênero, biografia, arquivos pessoais, memória e patrimônio. Trabalhou também como professor na educação básica e foi bolsista Capes nos dois cursos de pós-graduação que realizou.

Suemi Higuchi
Pesquisadora e professora da Escola de Ciências Sociais FGV CPDOC. É doutora em estudos da linguagem pela Pontifícia Universidade Católica do Rio de Janeiro (PUC-Rio) com ênfase em linguística computacional, mestre em ciência da informação pela Universidade Federal Fluminense (UFF) e bacharel em história pela mesma instituição. Possui pós-graduação (MBA) em gestão de negócios e tecnologia da informação pela FGV. Foi pesquisadora visitante no Department of Literature, Area Studies and European Languages da Universidade de Oslo, na Noruega, e na Faculdade de Ciências Sociais e Humanas da Universidade Nova de Lisboa, em Portugal. Seus interesses incluem humanidades digitais, processamento de linguagem natural e tecnologias aplicadas a fontes históricas.

Thais Blank

Professora adjunta da Escola de Ciências Sociais do FGV CPDOC e do Programa da Pós-graduação em História, Política e Bens Culturais FGV CPDOC. Atual vice-diretora do CPDOC. Foi coordenadora da Documentação do FGV CPDOC (2020-23) e cocoordena o Núcleo de Audiovisual e Documentário do FGV CPDOC. Líder do grupo de pesquisa do CNPq Laboratório de Estudos da Cultura Visual (LECV FGV CPDOC), bolsista Jovem Cientista do Nosso Estado e Bolsista de Produtividade CNPq. É coeditora da *Estudos Históricos*, FGV CPDOC.

Este livro foi impresso nas oficinas gráficas da Editora Vozes Ltda.,
Rua Frei Luís, 100 – Petrópolis, RJ.